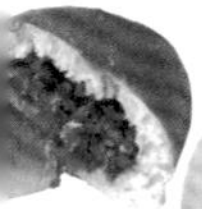

日本的洋食

日本の洋食・洋食から紐解く日本の歴史と文化

從洋食解開日本飲食文化之謎

Japanized Western Cuisine

青木百合子 著

韓宛庭 譯

書前彩頁特輯

看照片了解日本洋食的歷史

說起來，「洋食」到底是什麼？印度沒有日本的咖哩飯，義大利也沒有拿坡里義大利麵。炸豬排飯呢？

明治二十八年創業的洋食餐廳「銀座・煉瓦亭」

經由南蠻（西葡）貿易傳入日本的洋食

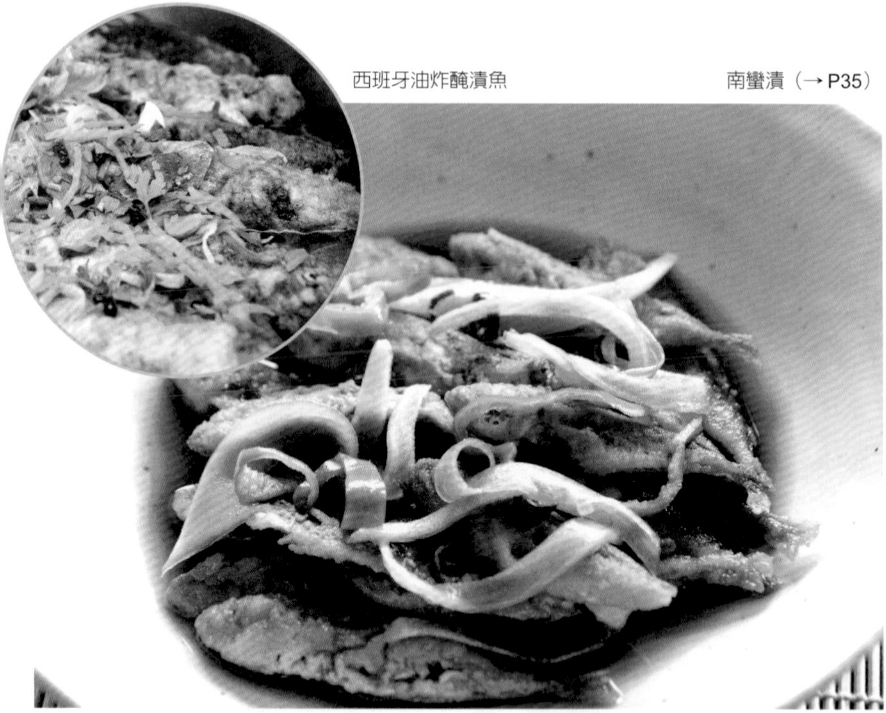

西班牙油炸醃漬魚

南蠻漬（→ P35）

長崎天婦羅（→ P39）

葡萄牙炸物

源自西班牙安達魯西亞的「巴司蒂拉」肉派

演變為長崎桌袱料理中的「巴司蒂」
（→ P43）

佇立在平戶山丘的沙勿略像

越洋來到平戶的傳教士傳入的南蠻點心，Casdoce
（→ P47）。

使用雞蛋做的南蠻點心，雞蛋素麵（→ P50）。

英國海軍傳入的咖哩飯和馬鈴薯燉肉

橫須賀海軍咖哩（→ P88）

舞鶴的馬鈴薯燉肉丼（→ P93）

英式海軍咖哩發祥地之一，橫須賀。港口有「紀念艦三笠」和東鄉平八郎像。

在日本落地生根的俄羅斯料理

新宿中村屋的羅宋湯

俄羅斯的羅宋湯

日本的皮羅什基（→ P113）

俄羅斯的皮羅什基

新潟是義大利肉醬麵的發祥地

留下幕末開港側影的新潟歷史博物館。

義大利軒的義大利肉醬麵（→ P121）

日本原創的拿坡里義大利麵

拿坡里義大利麵是將燙好的麵條加入番茄醬、蔬菜及背腰肉火腿，用油炒過的義大利麵（→ P129）。

習志野戰俘收容所的德國俘虜組成的交響樂團，此類文化活動受到認可。

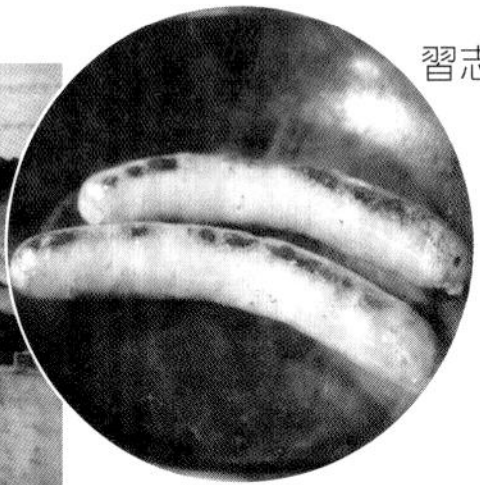

習志野香腸（→ P140）

德國俘虜在習志野收容所蓋了屠宰小屋，也在這裡灌香腸，將技術傳授給日本人。

FREUNDLIEB 的德國紡錘麵包（→ P165）

待過名古屋戰俘收容所的德國人弗羅多利夫，戰後留在日本，創立了德國麵包店 FREUNDLIEB。

和日式豬排很像的奧地利維也納炸肉排。將牛肉沾上薄薄的麵衣，用平底鍋炸。

炸豬排飯。東京圈說的排骨，就是炸豬排（→ P61）。

蛋包飯（→ P70）將米飯、蔬菜、香菇等包入法式歐姆蛋裡，成為日本獨創的雞蛋料理。

法國聖米歇爾山的煎蛋捲

前言

現在外國人口中的「日本料理」，可不只有壽司或天婦羅，還包括了咖哩飯、蛋包飯與漢堡排等。它們並非傳統「日本料理」，但是在外國人眼裡，仍屬於日式料理。理由不難想見，它們是誕生於國外的食物，卻在日本發展出不同於原始料理的形式，成爲當今日本全國各地的常見菜單。

日本進入明治時代（一八六八）後，吸收了來自歐洲各國和美國的各項文化，飲食文化也是其中之一。

在這段過程裡，歐美各地的料理逐漸和日本料理融合，調整爲「和洋折衷」的口味。當中有許多料理因爲不合日本人口味而消失，但如壽喜燒、蛋包飯和炸豬排飯等，則發展爲新的料理，在日本落地生根。不僅如此，從食材、烹調法到器具等，都發展出日本獨有的文化。

嚴格說來，「洋食」指的就是在日本獨自發展而成的西洋風料理，而非純日式料理。它們和現代日本人常吃的傳統日式料理齊頭並進，創造出日本當今的飲食文化。

由此可見，外國人會把它們視作「日本料理」，也是正常的。

印度沒有日本的咖哩飯，日式咖哩飯早已成爲日本料理。同樣地，中國沒有日本的拉麵；義大利也沒有拿坡里風味義大利麵。

十九世紀尾聲，炸豬排飯首度問世，聽說創始人是東京銀座「煉瓦亭」西餐廳的料理長木田元次郎。

木田從「將薄切牛肉沾上麵衣，加入奶油烹炒」的法式肉排得到靈感，依序加入小麥粉、蛋汁與麵包粉，仿照炸天婦羅的方式，將薄切豬肉充分油炸，命名為「豬肉炸排（pork cotelette）」。

之後經過許多人的改良，變成使用厚片豬肉下鍋炸，並且切塊方便筷子夾取，再疊上大量高麗菜絲，成為我們現在熟悉的日式豬排飯。

在此介紹一下這套「日本再發現」的出版宗旨，如系列名稱，透過各種文化來重新發現日本，這次的主題是「日本的洋食」。

本系列已經推出過《錢湯》和《便所》等主題，締造口碑佳績。

關於錢湯（公共澡堂），隨著平安時代（七九四～一一八五）末期，京都第一座「湯屋」問世，逐漸成為日本的文化。說到廁所，由於日文現在多寫成外來語的「トイレ（toilet）」，不使用「廁所」或「便所」，應該有不少人認為是西方文化。其中的細節，詳見書中精采內容。回到「日本的洋食」，究竟跟「日本再發現」有什麼關聯呢？

因為，它象徵了前面提到的「從食材、烹調法到器具等，都發展出日本獨有的文化」。

閱讀「日本的洋食」，不但可以了解「這道菜走過的路」、「那道菜源自於哪裡」……還能知道它們傳入日本各地以後，受到當地風土食材影響，最後演變成的模樣，由此重新看見日本！

附帶一提，拉麵雖然不是西洋料理，但也是從國外傳進來，在日本蓬勃發展，受到全國風土及食材影響，發展而成的代表性料理。因此，本書也用了一個章節，整理介紹拉麵的歷史文化演變。

希望這次的主題「日本的洋食」，也能讓各位讀者重新發現日本，那是我們最大的欣喜。

目錄

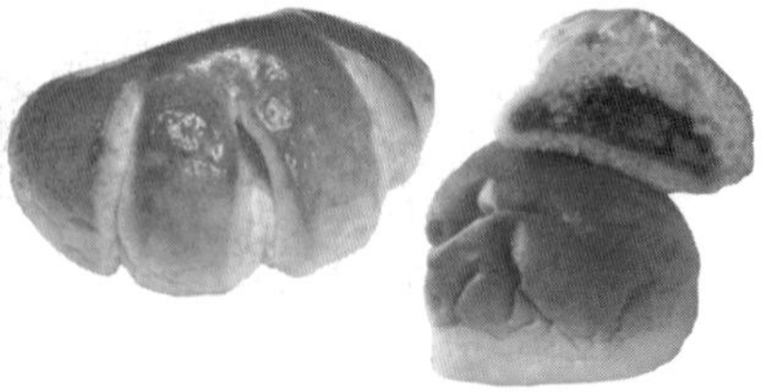

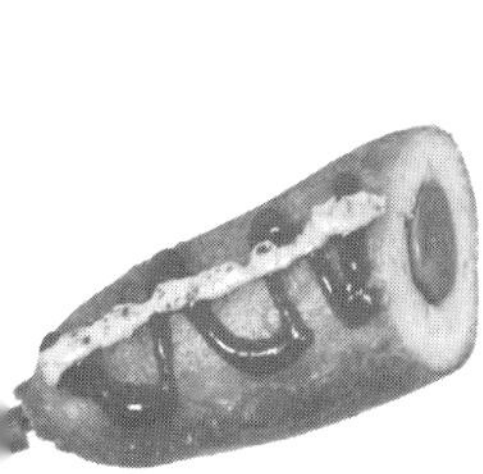

1

日本料理與和食

說起來，「日本料理」到底是什麼？

在進入「日本的洋食」之前，我想先思考，到底什麼是「日本料理」？

回顧歷史，中國和朝鮮半島的料理自古以來便傳入日本半島。江戶時代，日本雖然處於鎖國狀態，仍有一些歐洲料理從長崎的出島傳進來。接著，這些料理在不知不覺間滲透日本，和日本料理自然而然地融合在一起。然而，進入明治時代以後，包含料理在內的外國文化，大量、快速地進駐日本，約莫這時期，擔任宮內省（之後的宮內廳）大膳職廚師長的石井治兵衛初次使用了「日本料理」這個詞。此事記載於一八九八（明治三十一）年發行的《日本料理法大全》。說起來，在尚未強烈意識到外國料理的時代，日本人當然不需要使用「日本料理」作為區別。

附帶一提，《日本料理法大全》是極具代表性的日本古典料理典籍，與江戶初期的《料理物語》合稱「料理雙璧」，為不朽名作，頁數多達一千五百頁，詳細記載了各式日本料理的起源與發展。不僅如此，從烹調法、切法、菜刀工具到各項烹飪器材，甚至出餐的順序等，都按照料理名稱的拼音順序詳盡說明。此外，一九二三（大正十二）年，石井治兵衛的兒子泰次郎也寫了一本《日本料理法大成》，由父親校對出版。

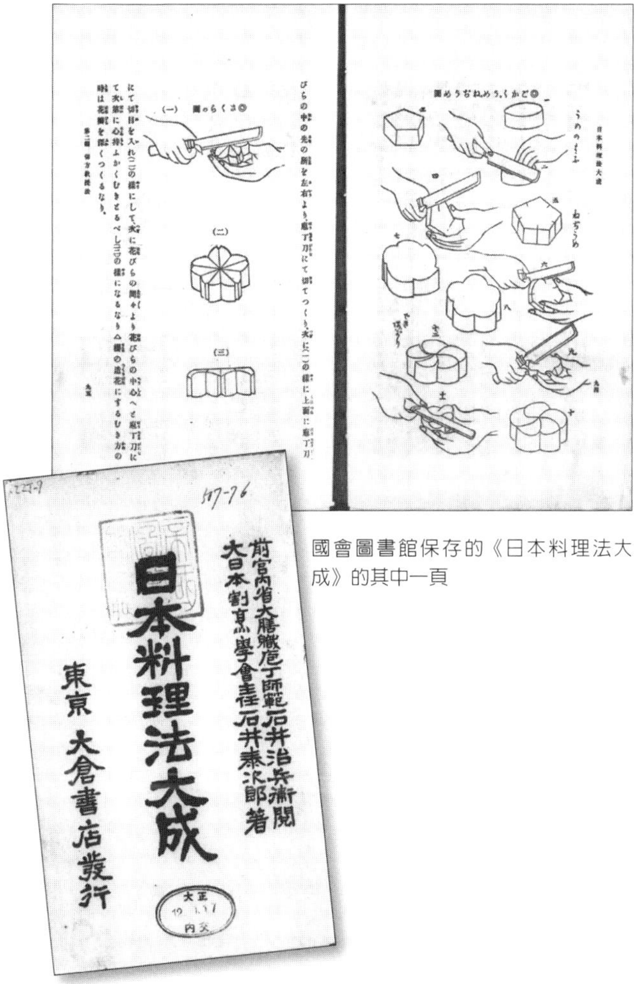

國會圖書館保存的《日本料理法大成》的其中一頁

那麼，「和食」又是什麼呢？

有一個和「日本料理」乍看很像，實則完全不同的名詞叫「和食」。如同「日本料理」對應到「西洋料理」，「和食」也對應到「洋食」。同樣地，這個名詞約莫誕生於大量西洋料理進入日本的明治時代。

因此，「和食」通常指兩種日本料理，一種是江戶時代之前，傳統「三菜一湯」形式的典型日本料理；另一種是從明治時代傳入日本，而後獨自發展爲日本特有飲食文化的炸豬排、可樂餅和壽喜燒等。

一般來說，和食具備三項特徵：「營養均衡的三菜一湯」、「與節慶習俗相關的鄉土料理」和「美感與季節感」。就是這三項特質，交織成日本傳統飲食文化，從平安時代末期流傳近千年之久。

◎營養均衡的三菜一湯

白飯加湯，配上一道主菜、兩道副菜的飲食方式，就是「三菜一湯」。主菜以品質優良、蛋白質含量高的魚類為主，副菜則是根莖類和蔬菜等，以這種方式調配，達到營養均衡。由於較少使用動物性油脂，為長壽的飲食方式，在國外獲得極高的評價。

◎與節慶習俗相關的鄉土料理

日本的傳統飲食文化與節慶習俗和鄉土料理息息相關。每逢過年、女兒節（桃花節）、端午節、七夕、中秋節，還有夏日慶典、秋日慶典等祭祀活動，全國各地盛傳吃特定鄉土料理的習俗。

◎美感與季節感

和食特別重視料理的美觀，還有配合季

女兒節吃的「散壽司」

節使用不同餐具等。打造專屬宴客廳款待客人也是特色之一。「款待」的心意，是日本傳統飲食文化相當重要的精神。

夏天使用玻璃器皿，營造清涼感。

和食登記為聯合國教科文組織的無形文化遺產

照片提供：文化廳

二〇一三年十二月，聯合國教科文組織[1]正式將和食列入無形文化遺產，登記名稱爲「和食：日本人的傳統飲食文化」（英語爲「Washoku, traditional dietary cultures of the Japanese」）。

然而登記當時，和食曾面臨重大考驗。全球雖然吹起了壽司和日本酒的熱潮，和食文化卻在關鍵的日本國內逐漸失傳。

一九九七年到二〇一二年的十五年間，米的消費量從原本的一年九四四萬噸減少爲七七九萬噸。換算成一人份，約從六十六・七公斤減少爲五十六・三公斤（大約減少了十六%）。此外，醬油的消費量也從原本的八・七公升減少爲六・三公升。不僅如此，隨

1：聯合國教育、科學與文化組織（United Nations Educational, Scientific and Cultural Organization，UNESCO），成立於一九四五年的聯合國機構，總部位在巴黎，宗旨為「利用教育、科學、文化、溝通及信息，為建立和平、消除貧窮、可持續性發展及跨文化對話而努力」。簡稱「聯合國教科文組織」。

著日本人開始不吃和食，其特有的季節感、禮法，甚至於鞏固家庭的象徵，都有消失的可能，令人憂心。有人說，人們開始不在年節和家族喜慶時準備傳統和食了，從前三菜一湯的家常菜形式也逐漸消失，伴隨而來的是和食作法的失傳，而家族同桌喊「我開動了」、「我吃飽了」的用餐習慣也漸漸看不到了。

相對地，個食（家人各自吃喜歡的東西）、孤食（坐在家人缺席的餐桌前獨自用餐）、粉食（偏好麵包、披薩和義大利麵等小麥粉做的食物）增加了，日本人的家族團圓文化則不斷消失。正因爲上述「三食」的增加，和食登記爲無形文化遺產才顯得至關重要。

事實上，日本當初是想藉由登記無形文化遺產，來推行日本料理中最具代表的宴客料理，但有許多人指出宴客料理是「小眾人士的

米的消費量變遷（一人一年份）

Kg（白米）

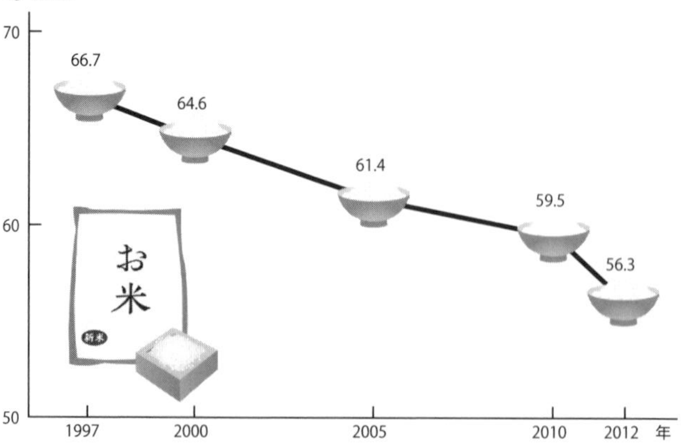

資料：農林水產省「食材需求表」

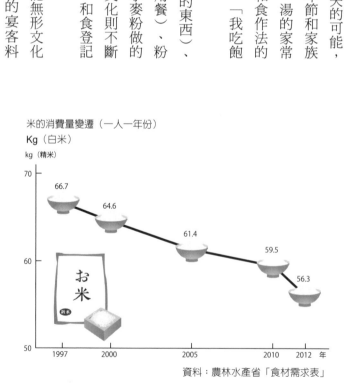

專利」，經過各項檢討之後，才將登記的方向修正爲「和食（WASHOKU）」。爭取的過程還有其他因素影響，例如南韓曾在二〇〇八年提出「宮廷料理源自李氏朝鮮時代的宮中料理，並深深影響了現在的韓國料理，爲重要的飲食文化」，想申請無形文化遺產，卻遭聯合國教科文組織以「韓國的宮廷料理是近年爲了觀光打造出來的料理，不是人類的遺產」爲理由駁回。因此也有人說，日本是受到這個事件的影響，才大幅更動了申請內容。

在此說明，日本的宴客料理早有歷史證明，絕對不會因爲和韓國宮廷料理一樣的理由遭拒，但屬於「小眾人士的專利」是事實，所以申請內容才會調整爲「和食：日本人的傳統飲食文化」。

在爭取無形文化遺產登記的過程裡，各界紛紛提出兩大爭議點：「要拿什麼當作日本食物的代表？」「要怎麼做才能通過審查？」當時，有人提出了相當重要的主張。這個人是知名日本文化、飲食文化研究家熊倉功夫先生（曾任國立民族學博物館名譽教授、靜岡文化藝術大學校務長等），他說，「和食（WASHOKU）」是「相對於洋食的概念」，基本形式爲「三菜一湯」，其中包含炸豬排、可樂餅和壽喜燒等屬於近代家庭料理的和食。根據熊倉先生的建議，登記內容不應該只含高級料亭端出的正統日本料理，應涵蓋一般家庭吃的日本家常菜，如此一來，異樣感和突兀感都消失了。

因此，儘管只是極爲普通的日本家庭料理，也必須當作無形文化遺產來保護才行嗎？在這樣的氣氛下，產生出一股重大的危機感：「即使只是一般家庭料理，不好好守護也會消失。」

二〇一三年十一月六日，NHK節目《今日焦點》以〈守護日本之「心」～和食邁向無形文化遺產～〉爲標題，介紹了十五年間的演變，播出「日本人開始不吃和食」、「傳統飲食文化正在消失」、「期盼藉由無形文化遺產登記，重新看見日本」等內容，節目喧騰一時。

確定將和食登記為無形文化遺產的相關報導

追加情報

什麼是無形文化遺產？

「無形文化遺產」是二〇〇六年聯合國教科文組織新設的項目，歷史比較新。「世界遺產」的目的是保護、傳承歷史建築物和自然景物等「有形物」；「無形文化遺產」則對應到藝術和傳統工藝技術等「無形物」。截至二〇一二年為止，關於食物的項目共有四件，分別是：「法國的美食技術」、「地中海料理」、「墨西哥的傳統料理」和「土耳其麥粥」。二〇一三年十二月，除了新增日本的「和食」，還有韓國的「醃泡菜」、東歐喬治亞的「釀酒」和土耳其的「咖啡」。

截至二〇一二年為止，關於食物登記的四項無形文化遺產

墨西哥的傳統料理

法國的美食技術

土耳其的麥粥傳統

地中海料理*

*二〇一〇年登記為希臘、義大利、西班牙、摩洛哥四國，二〇一三年追加了賽普勒斯、克羅埃西亞、葡萄牙三國。

2

吃牛肉

牛肉鍋象徵了文明開化的味道

進入明治時代以後，橫濱因爲開港，成爲各種文化的入口。全新的飲食文化從橫濱孕育而生，其中之一便是牛肉鍋，它象徵了明治時代初期，橫濱和東京等地的文明開化，隨後更衍生出壽喜燒的吃法，成爲日本具有代表性的料理。

以下是明治時代的文豪森鷗外所寫的〈牛肉鍋〉，內容相當有意思，在此介紹給大家。

火鍋咕嚕咕嚕地煮著。

男人敏捷的筷子翻轉，紅色的牛肉，變成白色在上。

細細斜切成蔥花的蔥，在白色之處徐徐變黃，沉入褐色的湯汁裡。

筷子敏捷的男人年紀約莫三十，身穿帶有年節正裝感的短外褂。文件包放在一旁。他只是喝酒，將肉翻面；將肉翻面，然後喝酒。

一名女子為他斟酒，年齡和男人相仿，黑綢緞半衿襯著條紋棉和服，搭上一件外出圍裙。

女人的雙眼牢牢盯著男人的臉，眼中是無盡的渴求。眼睛的渴能解口中的渴。女人滴酒未沾。

男人敏捷地動著筷子，將肉二、三度翻轉，夾起一塊，放入口中，健康的白牙美味地嚼著。

無盡渴求的雙眼盯向咀嚼著的下顎。然而，盯著下顎的不只有這雙眼，現場有兩雙眼睛，第二雙眼來自七、八歲的小女孩。勉強抬高的菸灰缸裡，插著小小的花簪。女孩疊起白手巾，鋪在腿上，剝開竹筷，高高舉起筷子等待。男人吃下三、四塊肉時，女孩舉筷的手向前一伸，想夾一塊。女孩並非不懂禮讓，但也無意退讓。「等等，肉還沒熟呢。」女孩聞言，乖乖縮手，繼續等待。無盡渴求的雙眼沒有心思去看徒然伸出又徒然退回的竹筷。一會兒之後，男人的筷子夾起一塊肉，送入自己的口中。正是女孩方才想夾的那塊肉。

女孩再次盯向男人，眼神不慍不火，只有驚訝。無盡渴求的雙眼，依然沒有心思去看兩雙筷子的悲哀競爭。

女人起初分開自己的竹筷，從洗杯皿中夾出小酒杯，遞給男人，筷子就這麼擱在餐盤邊緣。無盡渴求的雙眼，依然沒有心思顧及這雙筷子。

女孩訝異的雙眼片刻不離男人，男人卻不曾叫她吃。每次看準時機出筷，男人都說：「等等，肉還沒熟呢。」

訝異的雙眼不慍不火。但正如剛破殼而出的小雞會啄食穀物，剛脫離母胎的嬰兒也會逢東西就吸，這樣的生存本能，訝異雙眼的主人也是有的。女孩的筷子不曾遠離鍋邊。

男人敏捷地夾起一塊肉，放入口中；女孩看準空檔，迅速夾起手邊的一塊肉，放入口中。

事到如今，所有肉都該熟了，頂多稍微煮過頭。男人是雙眼皮，眼神銳利，看了死去友人留下的獨生女一眼。他不罵她，敏捷的筷子變得更加敏捷，夾起生肉丟入鍋中，翻面又加，翻面吃下。然而女孩也靜靜移動著筷子，驚訝的雙眼變成找到目標而活的雙眼，好一段時間緊盯著鍋中。搶不到大塊的肉，也能搶小塊的肉。搶不到熟的肉，也能搶生的肉。搶不到肉，還有蔥。記得淺草公園有個專門給人看動物的地方，裡面有隻狒狒王很有名，旁邊有個關著母子狒狒的籠子，前方慣例放著切片的番薯，每當遊客用餵食桿刺起番薯，送到籠子的柵欄前，狒狒母子便展開悲哀的爭奪。番薯一來，含著母親乳房的小狒狒就放開乳房，想拿稀奇的番薯。母狒狒也想拿番薯。小狒狒鑽到母親的腋下、藏到胯下、爬到背上、騎到頭上，想拿番薯，然而番薯多半由母狒狒得手。即便如此，小狒狒也以四比一、五比一的機率奪得番薯。母狒狒會跟小狒狒競爭，但若小狒狒偶爾搶到番薯，母狒狒並不會為難小狒狒。本能這種東西，不如想像中醜惡。擁有筷子敏捷本能的男人並非女孩的父親，儘管不是父親，卻不曾斥責偶爾成功得手的女孩。人比狒狒更加進化。兩雙筷子，由敏捷的男人之手與逐漸敏捷的女孩之手操控著。晾在一旁的另一雙筷子，始終未曾移動。無盡渴求的雙眼依然盯著男人，盯著男人天生的苦瓜臉。一種本能，為了其他本能犧牲自我，這種事雖然也會發生在動物身上，但更常發生在人身上。人比狒狒更加進化。

（明治四十三年一月）

關於日本第一間牛肉鍋店，最常聽到的說法是一八六二（文久二）年，橫濱入船町的居酒屋「伊勢熊」將店面隔成兩間，一半改裝成牛肉鍋店。此外，一八六七年（慶應三）年在江戶芝町開的「中川」和一八六八（明治元）年開張的「太田繩暖簾」，相傳都是牛肉鍋店的開山鼻祖。明治十年以後，東京的牛肉鍋店推測已經超過五百家。

牛肉鍋與壽喜燒的差異

由於「壽喜燒」在明治時代的舊稱是「牛肉鍋」，想必不少日本人以為兩者是一樣的東西。三省堂的《大辭林》上面也寫：「壽喜燒（主要為關東用語），將牛肉加入蔥和豆腐，放入平底鍋煎煮的料理。」日本人會混淆也是在所難免。另一方面，岩波書店的《廣辭苑》則將兩者作出區別：

・「牛肉鍋」……將牛肉及各式青菜，放入鍋中煮來吃的料理。盛行於明治時代，類似現在的壽喜燒。

・「壽喜燒」……將牛肉、雞肉，加入蔥和烤豆腐等佐料，用鐵鍋煎煮的料理。

兩者雖然區分開來了，卻無法明確分辨牛肉鍋和壽喜燒的箇中差異。

因此，我特別針對牛肉鍋老店的作法進行調查。橫濱的「蛇目屋」是在一八九三（明治二十六）年開業的老店，他們家的牛肉鍋是：「在鐵鍋裡倒入『醬汁（割下）』（醬油與砂糖調成的醬汁為現代主流），加肉和青菜下去煮。」

那麼，另外一家牛肉鍋老店「荒井屋」的情形呢？這家店也開在橫濱，一八九五（明治二十八）年創業，店面就在「蛇目屋」附近。他們是將一人份的肉和青菜等放入鐵鍋裡，接著才倒入醬汁來煮，煮法和「蛇目屋」一樣。橫濱這兩家老店已經證明，自從橫濱開港後，有許多外國人住在這裡，他們愛吃牛肉的習慣引發日本人的興趣，因而開發出牛肉鍋這道料理。這大約發生於幕末到明治初期。

當時，日本人完全沒有吃牛肉的習慣[1]，無論再怎麼想融入外國文化，就是沒辦法像他們那樣吃，於是想到使用醬油和味噌來消除牛肉的腥味，放入鍋中煮的作法。這麼做非常符合日本人的喜好，立刻引發大流行。

而說到壽喜燒呢，現在雖然已經相當普及了，但一開始是先將牛肉做成煎肉，再添加蔥與蔬菜的。事實上，荒井屋的菜單裡同時有「牛肉鍋」和「壽喜燒」，差異一目瞭然。這家店的壽喜燒習慣先將肉煎過，再倒醬汁下去煮，通常馬上就能吃了。因爲牛肉已經事先煎過，吃起來比牛肉鍋還香！先大啖幾塊肉，再加青菜豆腐下去煮，據說才是壽喜燒的「正統」吃法。

這種牛肉鍋相當接近明治初期盛行於橫濱的切塊牛肉味噌鍋。

1：日本自七世紀以來，由於神道教「肉類即穢物」、佛教「戒殺生」加上政經的影響，維持長達一千多年的「半素食禁慾」狀態。肉類也因而產生各種有趣的代稱，如鹿肉叫「紅葉」、豬肉叫「山鯨」、雞肉叫「柏樹」等，牛肉則被視為補身的「藥膳」。

關東與關西的壽喜燒

明治時代，牛肉鍋雖然在橫濱引發熱潮，然而當時日本還沒有生產肉牛，起初是跟中國大陸與朝鮮半島進口牛肉的。隨後，神戶出現販賣家畜的商人，成爲橫濱肉牛的供應商。約莫這時期，神戶蓋了外國人的居住區，關西因而吹起了牛肉鍋的美食風潮，並隨之誕生出利用煎肉的時間，加入粗粒黃砂糖與醬油調味的烹調法，遂發展成關西風味的壽喜燒，與「使用醬汁煎煮」的關東壽喜燒形成對比。一八六九（明治二）年，壽喜燒專門店在神戶的元町開幕。

東京進入明治二十年後，壽喜燒的鍋料除了牛肉和蔬菜之外，更多了蒟蒻絲和豆腐等配料。蔥因爲斜切成碎狀，又稱「蔥花（ザク）」，有時日文的「ザク」也指全部的鍋料。將醬汁充分倒入鍋料的牛肉鍋，逐漸演變成關東風味的壽喜燒。

此外，聽說關西的壽喜燒傳入關東的契機是關東大地震（一九二三）。當時地震引發大火，燒毀了許多壽喜燒店，關西的壽喜燒店隨之快速進軍東京，因而帶來了關西風味的壽喜燒。

追加情報

壽喜燒的起源

日本人在幕末之前沒有吃牛肉的習慣，但曾有過與「壽喜燒（sukiyaki）」發音相同的料理。這道料理記載於一六四三（寬永二十）年發行的料理書《料理物語》中，可以得見歷史有多麼古老。書中提到一種將鯛魚等魚貝類和青菜放入杉樹做成的木盒裡，用味噌烹煮的料理，叫做「杉燒（sukiyaki）」。由於杉樹削成的木板又叫「片木」，因此又稱「片木燒」。此外，一八〇一（享和元）年的料理書《料理早指南》中也有提到「鋤燒（sukiyaki）」，上面的描述是「在鋤頭上烤右記的鳥禽，色香味全」，因此也有人說「鋤燒」是現在「壽喜燒」的由來；其他還有「使用肉片（sukimi）」所以叫「sukiyaki」的說法。還有人說是「杉燒」跟燒烤鳥禽、魚類的「鋤燒」混在一起才演變成「壽喜燒」。

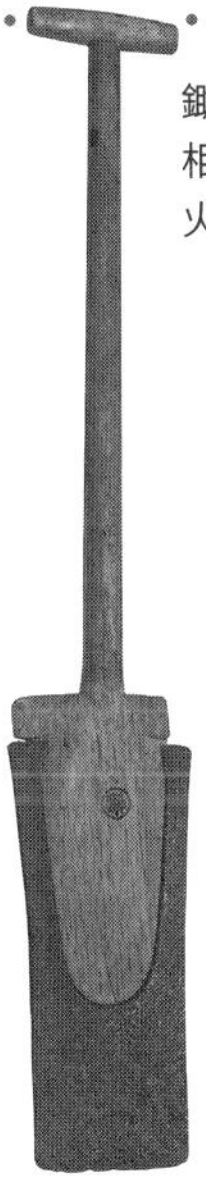

鋤頭是人類借力掘土的工具。相傳古人將鋤頭上的刃面放進火裡加熱，用來烤肉。

神社用來擺放供品的器皿，杉木做的「片木盤」。

追加情報

「SUKIYAKI」

一九六一年，歌手坂本九有一首暢銷金曲叫〈昂首向前走〉（上を向いて歩こう）。這首歌在一九六三年進軍美國，重新取名為〈SUKIYAKI〉，登上美國公信榜的冠軍寶座。

然而，這首歌的歌詞裡，完全沒出現「壽喜燒」。聽說因為叫做「SUKIYAKI」，而在愛吃牛肉的美國人之間爆紅。據說當時壽喜燒是知名度遠勝於壽司的日本料理。

對外國人來說，壽喜燒是日本料理。

3

在日本全國各地發展的「日本洋食」

長崎是洋食的起點

西班牙、葡萄牙料理

◎傳承至今的南蠻料理

九州是日本最早傳入外國文化的地區。從地理位置來看，它離中國大陸最近；此外，自從一五四三年葡萄牙船漂流到九州南側的種子島，便有許多外國人在此進出。洋食初次傳入的地點，當然也是九州最大的貿易港——平戶和長崎。尤其日本進入鎖國時代後，只有開放長崎對外貿易，當地人因而養成了爽朗、多樣化的性格，接納並吸收了各式各樣的飲食文化。

最早將西洋料理帶入日本的，是葡萄牙和西班牙人。葡萄牙人在一五四三年漂流到種子島，直到江戶幕府與葡萄牙斷交的一六三九年，短短不到

長崎港

一百年之間，積極展開天主教的傳教活動，以方濟・沙勿略為首的西班牙籍傳教士和商人頻繁造訪九州一帶，以長崎為中心據點，傳入天婦羅、長崎蛋糕、金平糖（星星糖）與現在稱為「南蠻料理」、「南蠻菓子」等各式各樣豐富的飲食文化。這些食物在九州演變成日本人喜愛的口味，歷經漫長的歲月，成為日本料理。

里斯本地標「發現者紀念碑」中的沙勿略（中）

這些西班牙籍、葡萄牙籍傳教士在九州積極傳教，江戶幕府眼見日本人信徒不斷增加，產生了危機感，將他們趕出去，改和宣稱不傳教的競爭國——新教國家荷蘭單獨貿易。但因荷蘭不像南歐諸國對食物那樣講究，所以並未對日本的洋食文化產生太大的影響。「南蠻文化」主要指西班牙人與葡萄牙人傳來的文化，接下來將為您介紹起源於這兩個國家的日本料理。

◎西班牙人、葡萄牙人造訪日本的時代背景

在葡萄牙人搭船飄洋到種子島的十六世紀左右，大航海時代的旗手——西班牙和葡萄牙兩國曾在南美、印度和非洲等世界各地拓展殖民地。位於伊比利半島的西葡，在一五八一年的時候，由哈布斯堡家族（Habsburg）出身的西班牙王同時出任葡萄牙王。起初葡萄牙的自治備受尊重，國家邁向經濟復甦，一度蓬勃發展，但隨著一五九八年腓力三世繼任王位，打破和葡萄牙的自治約定，開始向商人增加課稅，因而在一六〇四年爆發了對抗西班牙的「葡萄牙王政復古戰爭」。一六六八年，葡萄牙奪得勝利，西葡再次恢復成兩個自治國家。在西葡與日本貿易的後半時期，多和聯合王朝時代有所重疊。

基於這些時代背景，傳入日本的南蠻料理和南蠻菓子，發源地常是西葡混雜的。追溯到更早以前的時代，當中也有源自於亞洲和中東地區的料理。

◎深受西班牙、葡萄牙影響的九州料理

南蠻漬和油炸醃漬魚

「南蠻漬」是最具代表的南蠻料理，它來自於地中海的「油炸醃漬魚（escabeche）」，首

次介紹於一五〇二年巴塞隆納發行的加泰隆尼亞語料理書中，隨後翻譯成西班牙語出版，書名為《燉菜書》（*Libro de los Guisados*）。

事實上，據說油炸醃漬魚最早起源於六世紀波斯曾出現過的「sikbag」料理，這是一種主要使用牛肉或羊肉燉煮而成的醋醃料理。自古以來，醋醃食品就被視為具有殺菌功能的保存食品，受到重視，是阿拉伯人最喜歡帶上船的保存食品。根據語言學家喬安・可洛米納斯所編纂的西班牙語源辭典，阿拉伯語中的「iskeboch」和「escapex」源自波斯語的「al-sikbaj」，但在經由埃及傳入西班牙的過程裡，變成了「escabeche」，即現在的油炸醃漬魚。基本上，將炸或燉過的魚和肉，加入洋蔥拌醋或柑橘類榨汁醃製的料理，是南蠻漬的共同特色。油炸醃漬魚在西班牙和葡萄牙的殖民地廣為流傳，在墨西哥、菲律賓和牙買加等地也吃得到。如今在西班牙當地，油炸醃漬魚已是下酒小菜「塔帕斯（tapas）」中的固定菜單了。

在西班牙和葡萄牙當地，油炸醃漬魚是用加入月桂葉提味的白酒、酒醋以及加了砂糖的醃汁來醃製的；相

南蠻漬

較之下，傳入九州的南蠻漬則是使用日本的傳統調味料：米醋、淡味醬油、味醂、砂糖、日本酒以及和風醬汁來調配醃汁。起初是因爲無法取得原產地的材料才用這些作爲替代品，同時卻也伴隨著漫長的歲月，發展成日本人偏愛的口味。附帶一提，醃魚的時候，不論是道地風味或日本風味，都萬萬不能少了洋蔥！

關於魚的種類，在西班牙和葡萄牙常用沙丁魚或青花魚的相近品種來烹調，日本的南蠻漬則固定使用小竹筴魚。在北九州的長崎和福岡等地，由於南蠻漬是重要的年菜，所以也會使用討吉祥的小型鯛魚「黃鯛」來烹調。

調味的部分，南蠻漬的口味比油炸醃漬魚還要甜，這和長崎在鎖國時代是砂糖的貿易關口有關。延伸到北九州小倉的長崎市街，沿途發展出許多砂糖做的料理和點心，因此，南蠻漬的口味也變得比較甜。

附帶一提，西班牙和葡萄牙的油炸醃漬魚是加不加辣椒都可以，南蠻漬則是一定要加辣椒片。這和曾是西班牙領地的南美興盛的辣椒貿易有很大的關係，長久以來，「南蠻」這個字在日本代表了「舶來品」，應該也是受到當時南蠻貿易的影響吧。在北九州一帶如福岡等地，辣椒就叫「南蠻胡椒」、「南蠻辛子」，或直接稱作「胡椒」，是一種漢方調味料。此外，當地還有使用辣椒加上柚子調製的「柚子胡椒」。時至今日，辣椒仍與九州的飲食文化密切相關。

西班牙料理油炸醃漬魚

從南蠻漬進化而成的宮崎料理「南蠻雞」

南蠻漬在九州持續進化，昭和三十（一九五五）年代末期，盛行養雞的宮崎縣延岡市有家洋食餐廳，從員工餐研發出「南蠻雞」這道菜，聽說是因為使用了和竹筴魚做的南蠻漬一樣的甜醋，所以取了這樣的名字。

作法上，使用甜醋醃泡炸過的雞胸肉這部分和南蠻漬一樣，但之後多了將麵衣快速沾過蛋汁的步驟。延岡市內的元祖店鋪「阿直」，販賣的是淋上大分和宮崎特產的臭橙（Citrus sphaerocarpa）及檸檬汁做成的簡易南蠻雞。

此外，現在常看到的淋上塔塔醬的南蠻雞，是由總店位在宮崎縣的連鎖餐廳「小倉」所想出來的。除了「阿直」和「小倉」，宮崎縣內還有許多餐廳爭相推出使用甜醋和塔塔醬調味的南蠻雞料理，南蠻雞因而成為現在日本知名、足以代表宮崎縣的地方美食。

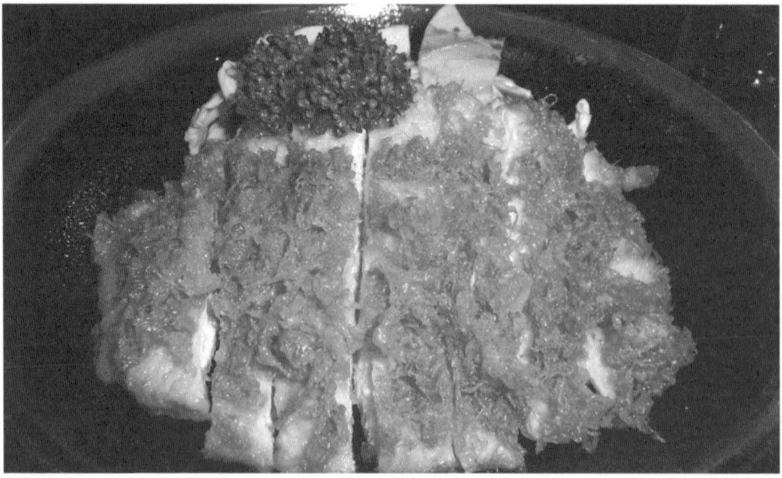

阿直的南蠻雞

長崎天婦羅與葡萄牙炸物

關於「天婦羅」的命名由來有各種說法，最常聽到是由「調味料」的葡萄牙語「tempero」演變而來。在葡萄牙，相當於天婦羅的料理叫「炸物（frito）」，推測語源來自拉丁語代表「炸」的「frictura」這個單字。英語的「fritter」也來自相同語源。無論哪一種，指的都是先裹上經過調味的麵衣，將料丟入滾燙的油鍋中炸成的料理。長崎特產的「長崎天婦羅」，就是用調味麵衣油炸魚、蝦和雞肉而成的炸物，明顯是葡萄牙人帶來的料理。

然而，裹上麵衣油炸這種一般統稱為「天婦羅」的料理，早在葡萄牙人來到日本之前的奈良時代（七一〇～七九四）到平安時代（七九四～一一九二），就

長崎天婦羅

葡萄牙炸物

曾經存在於日本。以九州爲首的西日本地區，還有「薩摩炸魚餅」和宇和島的「雜魚天」等使用魚漿製成的炸物，一般也叫天婦羅，葡萄牙人傳入的「天婦羅」比較接近它們。

舉例來說，葡萄牙有一種叫「Pataniscas」的炸物，會在小麥粉做的麵衣裡加入剁碎的魚、切碎的洋蔥和加了香芹的蛋汁來調味，下鍋油炸，作法相當類似日本的「炸牡蠣」。在天主教禁吃肉食的時代，常在航海時吃重要的保存食品「馬介休（Bacalhau）」，即鹽醃鱈魚乾製成的「Pataniscas」。而鹿兒島的薩摩炸魚餅，據說來自中國福建省和沖繩的「ciki-agii（沾炸）」料理。儘管長崎天婦羅與「Pataniscas」之間的關係尚未確定，但可以肯定名爲「天婦羅」的料理，歷經長久的歲月，已經徹底融入九州的飲食生活了。

Pataniscas

福岡的「kashiwa 飯」與 Arroz de Frango

日本從奈良時代以後，由於佛教的影響，表面上禁止吃肉。但九州早在南蠻貿易的啟蒙階段，便接收了來自葡萄牙和東南亞的飲食文化。翻閱一六四三（寬永二十）年發行的料理書《料理物語》，雞肉鍋也以「南蠻料理」的名目收載其中。「kashiwa」是九州地方話，意指雞肉。用雞肉炊飯做的「kashiwa 飯」，和福岡的雞肉鍋並列雞肉料理的代表，一般猜測它承襲了葡萄牙的飲食文化。

葡萄牙的雞肉炊飯叫「Arroz de Frango」，這是用雞絲、紅蘿蔔、洋蔥、奶油炒香腸、鹽和白酒做的炊飯料理。而九州「kashiwa 飯」也是用雞絲、紅蘿蔔、牛蒡片、麻油炒香菇、日本酒、醬油和味醂煮的炊飯料理，從步驟到外觀都像極了 Arroz de Frango。江戶時代為了省米，也有加了番薯和白蘿蔔煮成的炊飯，但九州自古以來每逢年節喜慶，一定會把雞肉搗

kashiwa 飯

Arroz de Frango

碎做成料理或炊飯，「kashiwa 飯」就是其中一道。

追本溯源，稻作始於一萬年前的中國中南部，米食文化從中國傳到了中東，再跟隨「侵略者」阿拉伯人的腳步傳到葡萄牙所在的伊比利半島，獨自發展成名為 Arroz de Frango 的米食料理，然後又傳回了亞洲。

長崎的桌袱料理

長崎作為日本鎖國時代唯一的對外貿易港，還有一道結合中西方料理，並受到日本在地化影響的獨特折衷料理，叫「桌袱料理」。桌袱的「桌」指的是中式圓形餐桌，「袱」則是餐桌布。它源自於江戶時代住在長崎貿易的中國人

長崎的桌袱料理

和荷蘭人所吃的料理，是只有長崎才有的宴席料理。

大盤子裝著豐盛的菜餚，擺滿圓桌，人們以各自的筷子和名叫「調羹」的陶瓷湯匙分到小盤子裡吃。在當時的日本，眾人分食大盤子裡的菜餚的吃法可說前所未見，在此之前，都是一人份一人份地上菜的。

此外，由於圓桌不用顧及長幼輩分，在注重身分的江戶時代，人人都能平等夾菜的桌袱料理，可說是相當先進的用餐形式。

桌袱料理宴客時，由招待客人的一方說「請用御鰭」開始用餐。所謂「御鰭」，是用鯛魚、蝦、雞肉和芹菜煮成的魚湯，聽說由加入鯛魚的尾鰭象徵「各用一條魚歡迎每一位賓客」的傳統發展而來的用餐招呼語。

桌袱料理中的「巴司蒂」

將雞肉與湯、銀杏、豆芽菜、煮過的山芋加入水煮蛋，放入較深的盤子裡，鋪上網狀派皮放入烤箱烤成的「巴司蒂」，結合了葡萄牙、荷蘭和中國料理而成，是只有在長崎才吃得到的一道桌袱料理。

在鎖國時代付梓的《南蠻料理書》中，巴司蒂以「巴司蒂拉」之名登場。可以想見，語源應該來自西班牙安達魯西亞的地方美食，在摩洛哥也吃得到的「Pastilla」肉派。這是一種用派盤烤的雞肉料理（傳統是用鴿子肉烤），由於阿拉伯語裡沒有「pa」的音，所以在摩洛哥叫「Bastilla」。

據說派料理最早源自於古希臘，隨著羅馬帝國征討領土，經羅馬人傳入歐洲各國，在各地衍生出各式各樣的風貌。安達魯西亞的「巴司蒂拉」是用一種叫「Filo（源自希臘語的葉子）」的小麥粉薄派皮塗上橄欖油，一層又一層地包起來烤；而桌袱料理中的「巴司蒂」，用的則是英國、荷蘭等北方居民偏好的奶油厚派皮。

在十六世紀後半葉到十八世紀中期，西歐盛行過編成格子狀的派皮表面，各種精心設計的花紋糕點經過簡化之後，成爲現在看到的樣子。「巴司蒂拉」也是。但聽說在西班牙和摩洛哥當地，會使用肉桂裝飾表面的花紋。換言之，「巴司蒂拉（巴司蒂）」這個名字雖然來自於西班牙，料理本身卻源自於荷蘭。

補充說明，葡萄牙雖然有名字相似的「巴司蒂斯（pasteis）」和「巴斯蒂爾（pastel）」派料理，但它們只有手掌大，更接近「葡式蛋塔（Pastel de Nata）」，和本章介紹的「巴司蒂」並不一樣。

平戶的南蠻菓子「Casdoce」

提到日本知名的貿易港，大家首先會想到長崎，但九州最西端同樣位於長崎縣的平戶，是更早和中國、朝鮮半島、葡萄牙及荷蘭貿易的重要港鎮。平戶島的沿海一帶，屬於舊平戶松浦

長崎桌袱料理中的「巴司蒂」

發祥於安達魯西亞的「巴司蒂拉」

氏族的城下町，與九州本土隔海相望，除了有紀念方濟・沙勿略來此佈教而建的雕像，還有以他的名字來命名的天主教會、三浦按針[1]的紀念墓園和還原重建的荷蘭商館等，現今仍殘留著濃濃的江戶初期鎖國前繁盛一時的國際貿易港鎮風情。

十六世紀左右，歐洲人稱平戶爲「Firando」。在外國人眼裡，這是一座積極引進西洋文化的繁榮小鎮。從歐洲傳入的首要代表物品，就是當時相當昂貴的砂糖了。此外，早在十二世紀左右，中國的榮西禪師便將茶葉傳到平戶，由松浦氏族建立了茶道流派「鎮信流」，其獨特的茶點文化因而百花齊開。松浦家自江戶末期，代代相傳一本名叫《百菓之圖》的糖果糕點圖鑑，裡面不時穿插深受葡萄牙、荷蘭和東南亞文化影響的糖果糕餅，饒富興味。

平戶港

當中足以代表平戶的南蠻菓子，就是至今名揚國際的「Casdoce」了。相傳在安土桃山時代（一五六八～一六〇三），葡萄牙商船便出入平戶，跨海而來的天主教傳教士們傳授了這種點心，遂成爲平戶藩「門外不傳」的茶點。「cas」指長崎蛋糕（Castella），「dous」則是葡萄牙語「甜」的意思。「Casdoce」在製作的過程中被切成四方形，浸過打散的蛋黃液，放入加熱的糖蜜中煮到浮起，再撒上一層精製砂糖。在砂糖屬於高級品的那個年代，是相當奢侈的點心。聽說「Casdoce」的食譜甚至比有名的長崎蛋糕更早傳入日本。由於平戶藩松浦家御用的傳統糕餅鋪「蔦屋」稱聲自己是「Casdoce」的元祖，爲了避開商標問題，當地還有販賣許多名稱不一但內容相似的點心。

1：三浦按針（一五六四～一六二〇），英國航海家，本名威廉・亞當斯（William Adams），史上第一位英國籍的日本武士。

平戶的荷蘭商館

建在山丘上的平戶沙勿略像

聽說葡萄牙現在並沒有和「Casdoce」一樣的點心，長崎蛋糕也是，但葡萄牙有非常多使用了砂糖和蛋黃做的糕點，例如「黃金湯（Sopa Dourada）」就是將成形的長崎蛋糕浸泡過蛋黃液做成的點心，和「Casdoce」的作法相似。

附帶一提，平戶從松浦家相傳的《百菓之圖》獲得靈感，目前正與荷蘭的藝術設計團隊接洽，進行現代版的「東西百菓之圖」企劃，致力將平戶文化推向國際。此外，遠藤周作的小說《沉默》描寫了江戶初期葡萄牙祭司受到「吉利支丹[2]迫害」的情節，由好萊塢拍成電影。日本預計在平成三十（二〇一八）年將「長崎與天草地區的隱性天主教徒關連遺產」登記爲聯合國教科文組織的世界文化遺產，平戶說不定將再次伴隨著南

Casdoce

蠻的文化傳統，名揚國際[3]。

各種當時用來佈教的糖果糕餅

如同Casdoce和長崎蛋糕，澳門的葡式蛋塔（Pastel de Nata）和巴西的卡士達布丁（Pudim），也是因爲過去曾是葡萄牙殖民地的關係，傳入使用蛋黃和砂糖做點心的習俗。此外，日本還有只用砂糖做的金平糖和有平糖，這也是葡萄牙人帶來的糖果。這些甜點原先是天主教傳教士爲了佈教發給信眾的，相傳從來沒吃過砂糖的日本人一吃上癮，對那香甜的味道著迷不已，因而信奉天主教。

不僅如此，吃雞蛋的習慣也是葡萄牙人傳給日本人的。日本因爲佛教忌殺生，傳統上會盡量避開雞蛋。用雞蛋做的料理以九州爲中心逐漸傳開，除了Casdoce和長崎蛋糕之外，九州還承襲了雞蛋素麵、「bolo」等南蠻菓子。雞蛋素麵是將雞蛋細細倒入煮沸的冰糖水中，凝固成素麵狀的甜點，不是真的麵。

2：cristão，日本當時對天主教徒的稱呼。

3：已於二〇一八年六月三十日正式登記為世界遺產。此指位於日本長崎縣、熊本縣境內共十二件與隱性天主教徒相關的歷史遺跡和文化資產。長崎縣和熊本縣是著名的「島原之亂」（幕府鎮壓天主教爆發的農民之亂，首領為天草四郎）發生的舞台。

金平糖

將豆腐渣混入青菜捏成一團下鍋炸的「飛龍頭（雁擬餅）」，現在是餐點中的一道小菜，但它的語源其實來自葡萄牙語的「filhós」，指的是用小麥粉加雞蛋的麵團炸的甜點。

松屋利右衛門的雞蛋素麵

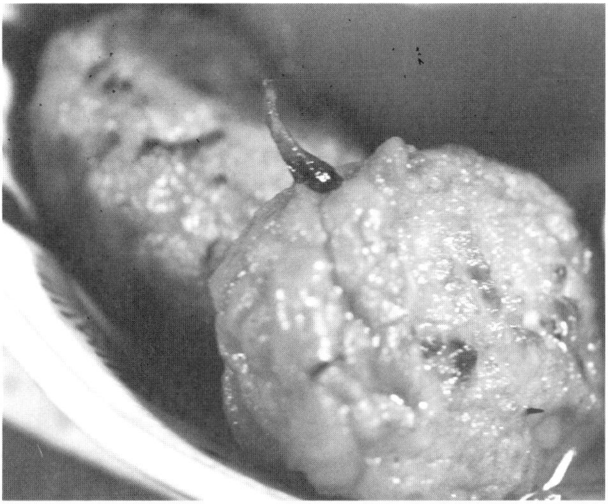

飛龍頭

葡萄牙的 filhós

追加情報

走訪西班牙和葡萄牙

實際走訪位於伊比利半島的西班牙和葡萄牙，會強烈感受到兩國雖然有許多地方相似，人民的氣質卻是完全不同的。西班牙因為是和其他王國合併的國家，各州的氣質明顯不同，尤其是位於巴塞隆納的加泰隆尼亞州，以獨立建國為目標，家家戶戶掛著加泰隆尼亞州的州旗，令人印象深刻。一般而言，大航海時代大量派出船隻的，以及一六一五年和支倉常長[4]一同拜訪西班牙的慶長遣歐使節團所進入的，都是保留濃厚伊斯蘭王朝時代風貌的南安達魯西亞的塞維亞港。也難怪最先傳入日本的西班牙料理，會是深受中東影響的油炸醃漬魚和巴司蒂拉了。慶長遣歐使節團中，有一名日本人留下定居西班牙，其後代子孫現在也以「賈本（寫成 Japón 或 Xapón）」為姓氏住在當地。

另一方面，與性格剛強的西班牙人相比，葡萄牙人普遍個性較為內斂，除了作為長崎蛋糕原型的 Pão de ló（海綿蛋糕）和作為雞蛋素麵原型的 Fios de Ovos（蛋絲）之外，還有炭烤沙丁魚與類似日本雜炊粥的米料理等，不限南蠻風味，有許多近似日本人口味的食物，著實令人訝異。在葡萄牙的大西洋沿岸，有許多和日本一樣藉由傳統漁

長崎蛋糕

業為生的人住在那裡。由於內陸有西班牙這個長年意圖侵略的大國威脅著，葡萄牙人只能出海捕魚了。從地理背景來看，人民因而孕育出低調、帶有鄉愁的氣質並不奇怪。這點也能觸發日本人的共鳴。

4：支倉六右衛門常長（一五七一～一六二二，Faxikura），伊達政宗的家臣、藩士，一六一三年率領使節團造訪墨西哥和歐洲，是早期派往歐洲的日本使節代表。

Pão de ló

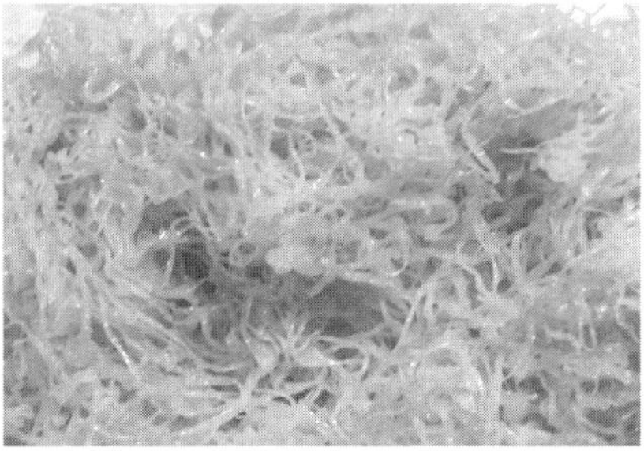
Fios de Ovos

葡萄牙的炭烤沙丁魚

日本的西班牙、葡萄牙料理歷史年表

年代	大事
1543年	葡萄牙人乘船漂流到種子島，將槍、天主教和麵包傳入日本。
1549年	耶穌會傳教士方濟・沙勿略來到日本，開始宣揚天主教，獲得天主教大名（官名）與眾多信徒的支持。
1557年	葡萄牙得到澳門的貿易權，以澳門為據點，展開對日本、中國（明朝）的三國貿易。
16~17世紀	九州在織田信長的庇護下，展開南蠻貿易。
16世紀	葡萄牙籍傳教士將南蠻料理、麵包、葡萄酒、長崎蛋糕、南瓜、西瓜、玉米、馬鈴薯和辣椒傳入平戶和長崎，並且生產越洋者專用的牛、豬和雞肉。
1580年	伊比利半島的西班牙王兼任葡萄牙王，持續到一六四〇年。
1582年	天正遣歐少年使節團從長崎出發，歐洲各國開始知曉日本的存在。
1587年	豐臣秀吉頒布「伴天連*追放令」，限制傳教和南蠻交易。*Padre，傳教士之意。
1595年	爆發「聖腓力號船隻事件」，秀吉聽聞「西班牙派遣天主教傳教士，欲使民眾改信天主教，站在西班牙陣營，並派軍支配日本」，從此加強伴天連追放令。
1614年	德川家康頒布天主教禁令，規定葡萄牙商船只能停靠在平戶和長崎。
1615年	慶長遣歐使節團出訪西班牙，支倉常長謁見腓力三世。

1624年	禁止西班牙商船進入。
1637年	爆發島原之亂。
1639年	江戶幕府開始和荷蘭貿易，與葡萄牙斷交。
1858年	一八五三年因佩里黑船來襲而開國，簽訂日美和解通商條約。
1860年	與葡萄牙簽訂日葡友善條約、日葡和解通商條約，恢復外交。
1868年	與西班牙簽訂和解通商航海條約，恢復外交。
1942年	日軍占領葡萄牙領地東帝汶約三年時間，外交關係一時中斷。
1956年	日本第一間西班牙料理餐廳「卡門」在神戶開幕。
1960年代	宮崎縣延岡市的洋食餐廳推出改良自「南蠻漬」的「南蠻雞」員工餐，遂成為全國知名的宮崎縣地方美食。
1999年	澳門回歸中華人民共和國，葡萄牙在亞洲的領土正式消失。
2002年	日本第一間葡萄牙料理餐廳「曼紐爾」在東京澀谷開幕。
2000年～現在	西班牙小菜「塔帕斯」和竹籤小吃「pincho」在日本大流行。

「西洋料理」與「洋食」

◎西洋料理演變成日本人偏好的洋食

現在日本隨處可見法國餐廳、義大利餐廳和德國餐廳等異國料理店，但直到一九七〇年舉辦大阪萬國博覽會前爲止，日本習慣統稱它們爲「西洋料理」。一共有七十七個國家參展的大阪萬博，在展覽館裡附設供應該國飲食的餐廳，日本人也透過這次機會，大大拓展了國際視野以及對外國飲食文化的認知。

那麼，「西洋料理」與「洋食」之間的差異到底是什麼呢？除了意義上的不同，當中也包括前者是高級料理，後者是大眾飲食；前者是麵包，後者是米飯等形式上的不同。或者也可以說，西洋料理是明治時代的日本人，爲求地位和體格能與歐美人並駕齊驅而引進的，在融入日本的過程中漸趨大眾化，使用日本當地的食材烹調，並改良成日本人喜愛的口味，甚至發明出全新的日本在地料理，這些都稱作「洋食」。

◎向「珍屋」的住吉老闆打聽庶民小鎮・淺草的洋食變遷

「珍屋」老闆住吉史彥

「珍屋」開幕當時的淺草街景。

東京從文明開化的明治時代起，便聚集了許多重要人士和外國人，是西洋料理和洋食百花齊開的重要城市。第二次世界大戰前的大日本帝國時代，是現今無法想像的階級社會，只有一小部分的特權人士能上高級西餐廳用餐。儘管如此，庶民還是想吃「象徵高層階級的新式料理」。在這般風氣之下，淺草開起了一家家以平民價格提供洋食的餐館，在明治到昭和初期，成爲一大繁華商街。

我們來向一九〇三（明治三十六）年開業以來，在淺草站穩地位的壽喜燒店「珍屋」第六代老闆住吉史彥，打聽淺草的洋食變遷吧。

「淺草一帶原是職人之町，大夥兒喜歡直接穿著做工的袢纏出門，店家門口垂掛門簾，坐下就能輕鬆愉快地用餐。還有，淺草人性情奔放，喜歡先進的東西，有什麼新玩意兒馬上一窩蜂擁上去。譬如當年紅透半邊天的淺草歌劇院，就發揮了情報基地台的功用，永井荷風[5]等文人雅士也頻繁進出。終於，淺草開了『上野精養軒』和類似銀座煉瓦亭的西餐廳，聽說裡頭端出了珍稀的料理。然而，那些店要穿西裝才能進去，不適合我們這些平民百姓。可是，大夥兒還是想吃洋食啊，爲了滿足這股需求，淺草便開起了大眾洋食店。

「當時有一家『須田町食堂』很受歡迎，現在改名叫『淺草聚樂』持續營業，聽說原本在神田須田町時，可是掛著印了『簡易洋食』的門簾呢。現在淺草除了洋食之外，還多了許多販賣和食跟中華料理的家庭餐廳，聽說當年也是賣給大眾的綜合餐館，專門提供符合日本人口味的米飯與適合搭配日本酒的洋食。

「我始終認爲，『洋食』的本質是大眾化。戰後日本經歷了貧窮的時代，無法取得外國食材，迫不得已，只好以日本食材取而代之了，這也是洋食演變成日本口味的原因之一。尤其淺草一帶特別多庶民餐館，競爭很激烈，爲了普及大眾，有些店賣的已經不能算是洋食了。淺草是東京最大眾化的繁華商

淺草聚樂（從前的須田町食堂）

銀座的煉瓦亭

街，應該要有更多足以代表東京的洋食店才對，之所以沒有，是因爲那些料理太過融入日本，很多已經不能當作洋食來看了。我認爲廣義來說，咖哩炒麵應該也是洋食才對。現在淺草技術受到認可的洋食老店有『YOSHIKAMI』（一九五一年創業）、『grill GRAND』（一九四一年創業）和『PAICHI』（一九三六年創業）這幾家。

「實不相瞞，咱們『珍屋』也曾推出洋食部，販賣炸蝦等等，現在只賣壽喜燒了。不過針對蛋汁，除了提供一般什麼都不加的，還有『咖哩油』和『優格』兩種口味可以選。那位拍電影的大導演小津安二郎，就很喜歡吃咖哩風味的壽喜燒。壽喜燒強調『甜』、『辣』、『鮮』三味，再加上『酸』和『苦』，即湊齊五味，我認爲只有這樣的口味，才能讓顧客吃到最後仍感到美味。期盼淺草未來能吹起更多壽喜燒的新潮流。」

5：永井荷風（一八七九～一九五九），日本小說家、散文家，本名壯吉，號斷腸亭主人。曾赴歐美留學，也鍾情於江戶風情，代表作有《濹東綺譚》、《美利堅物語》和日記《斷腸亭日乘》等。

PAICHI

YOSHIKAMI

◎在日本成為「洋食」的西洋料理

排骨（炸豬排）

將薄切肉排鋪上細麵包粉或小麥粉加蛋汁做的麵衣，以少量油炸的「排骨」，語源來自拉丁語的 costa（肋骨），原指從小牛、小羊或豬的肋骨取出的帶骨薄肉排。日文的「排骨（カツレツ）」是從英文的「cutlet」演變而來，而這個字又源自於法文的「côtelette」。從前奧匈帝國的拉德茨基將軍（一七六六～一八五八），將義大利的 Cotoletta alla milanese（米蘭風味排骨）帶回維也納，做成了 Wienerschnitzel（維也納炸排骨）。如同法國料理融合在地傳統料理而成的烏克蘭 Kotleta po-kyivsky（基輔風味排骨），歐洲各地都有這種肉排料理。

肉排（排骨）有各種意思，例如法國用的是類似「chop」的帶骨肉，而英國除了帶骨肉，也會使用去骨肉或絞肉等食材。以承襲英國道地風味的斯里蘭卡肉排爲例，就是將馬鈴薯燉肉和剁碎的青花魚加入調味料，捏成肉丸下鍋炸的料理，作法類似日本的可樂餅。因此，一般認爲傳入日本的是英式作法。

而日本的排骨，起初是由銀座的煉瓦亭推出「小牛肉排骨」開始販售。作法仿效天婦羅，放入油鍋炸。而現在習慣配上高麗菜絲、淋上烏醋醬的日式吃法，最初也是由煉瓦亭發想的，但因顧客反映口味不佳，於是改用豬肉來調理，從此誕生了「豬肉排骨」。不僅如此，醬汁的

Pon 多本家的排骨

口味也從濃郁調整爲清爽，並準備了白飯取代麵包。

御徒町有家一九〇五（明治三十八）年創業的「Pon 多本家」，現在也打著洋食屋的招牌，菜單可見舊式「排骨」，副餐卻是純日式的白飯、味噌湯和醬菜。店家開始配合日本人的飲食習慣推出餐點，排骨可說功不可沒。

而「排骨」的稱呼，是從何時起變成「炸豬排」的呢？據說是在昭和初期，日本不再仿效歐洲使用平底鍋等淺口鍋油煎，而是採用日式烹調法，準備炸天婦羅用的深口油鍋來炸。肉也比其他國家的排骨更爲豐厚柔軟，成爲日本獨有的美味。

銀座的煉瓦亭從明治時代推出法式「小牛肉排骨」及「豬肉排骨」作爲先驅，排骨料理遂成日本國民愛好的庶民洋食，廣受歡迎。

◎在日本各地誕生的排骨料理

在文明開化期，長年飼養牛隻作爲農耕家畜的關西地區，開始使用容易取得的牛肉來烹調；專門飼養馬的關東和東北地區，也改用較好飼育的豬肉來烹調。東西文化圈的邊界究竟是關原一帶，還是以長良川、揖斐川爲界，眾說紛紜，但現在若有老店只在菜單上寫「排骨」，沒註明是哪種肉，就要從是關東還是關西地區來判斷了。

一般來說，會用「豬排」、「牛排（或者牛肉排、牛炸排）」加以區分。在日本各地誕生的各種排骨料理，也反映出該文化圈的食肉習慣。

Escalope 豬排飯（根室）

誕生於一九六三年北海道根室的豬排飯，推測語源來自「薄切肉」的法語「escalope」，或者義大利語的「scaloppine」，是一道結合炸豬排、奶油燉飯與沙拉的料理。薄切豬排淋上了多蜜醬，飯裡竟然還加了竹筍。起初也使用番茄醬炒飯，聽說味道太重，現在已經看不到了。最早由一位在東京新橋修業的主廚傳入盛行漁業的根室，由於便於忙碌的漁夫快速用餐，加上營養滿點，因而受到當地居民的需要及歡迎。

日式醬汁豬排丼（新潟）

新潟是安政（一八五五～一八六〇）開國期間，成為外國文化入口的五大開港都市，洋食很早便在小鎮上扎根。昭和初期曾推出販賣洋食的流動攤販，日式醬汁豬排丼就是從小吃攤誕生的和洋折衷料理。這是將沾上薄麵衣的炸豬排浸過醬油基底的日式甜味醬汁，直接放在碗公白飯上的簡易料理，由於新潟產的白米特別香，聽說甚至有外縣市的饕客特地前往新潟品嚐。

日式醬汁豬排丼

Escalope 豬排飯

味噌豬排（名古屋）

自江戶時代起，愛知縣的岡崎市便以盛產八丁味噌聞名。八丁味噌是以名古屋爲首的中京圈餐桌上，萬萬不可少的靈魂調味料，自古便拿來做味噌湯或味噌烏龍麵等各式各樣的料理。以濃郁、口味重的八丁味噌爲基底做的醬汁，淋在炸豬排上配飯享用的味噌豬排飯，約莫誕生於一九六〇年代後半的名古屋和三重縣的津市。岡崎市所在的三河地區，名稱來自被矢矧川、男川與豐川三條河川環繞的地形，由於濕氣重，這塊土地的食物特別容易腐壞。因此，具有防腐功能的味噌口味也特別香濃，基於這層歷史背景，當地人偏好重口味。用八丁味噌做的豬排醬，味道有點類似多蜜醬，搭上豬排，相當合適。

牛炸排（大阪、神戶）

味噌豬排飯

與關東圈的炸豬排不同，關西因爲是牛肉文化圈，用牛肉做的炸排飯相當受到歡迎，因此若在神戶或大阪的洋食老鋪菜單上看到「排骨」，多半是指牛肉排骨。牛肉炸排在關西擁有「牛肉排」、「牛炸排」、「牛炸」等稱呼，淋上多蜜醬或烏醋醬吃。據說「牛炸排」是平價餐館的說法，「牛肉排」則是稍微高級一點的餐廳的說法。聽說近年來三分熟的牛炸排頗具人氣。

牛炸排

西式醬汁豬排丼（福井）

福井的西式醬汁豬排丼，是由曾於一九〇七年至一九一二年留學德國柏林修練廚藝的高畠增太郎在東京發表的料理，作法是將德國豬肉炸排沾上以烏醋醬調製的醬汁，盛在白飯上。他先在早稻田開幕的自創店面販售這道料理。大正十二（一九二三）年，高畠因爲關東大地震而失去店面，返回家鄉福井，開了「歐洲軒」，提供一樣的料理，西式醬汁豬排丼因而在掛有門簾的平價餐館盛行起來，成爲福井的名產。其特徵是豬排撒了德式細麵包粉，連白飯也淋上醬汁。據說只要在福井點豬排飯，端出來的大多是這種西式醬汁豬排丼，人氣可見一斑。

附帶一提，西式醬汁豬排丼也存在於群馬縣、福島縣和長野縣，有人說是受到「歐洲軒」的影響，也有人說只是碰巧同時誕生在不同地方。

多蜜豬排丼（多蜜醬豬排丼飯）（岡山）

是昭和六（一九三一）年開幕的餐廳「味司野村」的店長，在東京飯店修業期間構思的餐點，在店面供應之後，便在岡山流行起來。先把飯盛在碗公裡，淋上多蜜醬，依序擺上高麗菜絲和方便咀嚼的切塊豬排，最後一定要再淋一次多蜜醬。岡山的多蜜醬，是用魚乾和雞骨熬的高湯爲基底做成的，可和拉麵共用湯底。因此，岡山市內的拉麵店有賣拉麵加多蜜豬排丼的組合套餐，爲其一大特色。

土耳其飯（長崎）

這是一九五〇年左右在長崎誕生的料理，是結合抓飯、日式拿坡里義大利麵和多蜜醬豬排的吃法。雖然叫土耳其飯，其實和土耳其沒有關聯，名稱由來有各種說法，其中之一是這種飯成爲亞洲（的抓飯）和歐洲（的義大利麵）之間的橋梁，由三種料理構成三種色彩（Tricolor），由於這個詞的日語發音接近土耳其，才會變成土耳其飯。這道料理如同知名的長崎什錦麵，自古融合了各式各樣的文化色彩，並自然孕育出只有長崎才有的飲食文化。

西式醬汁豬排丼

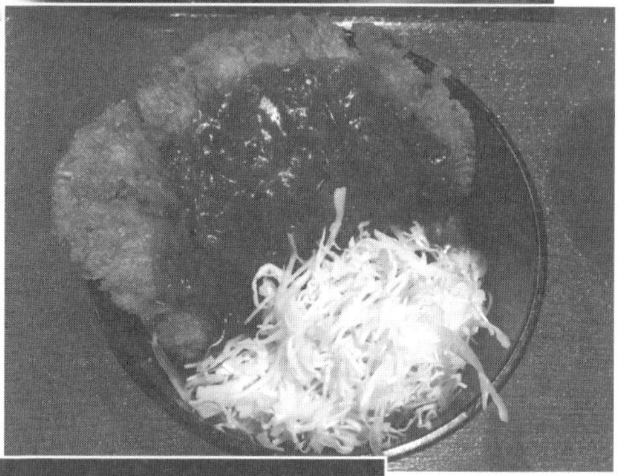

多蜜豬排丼

土耳其飯

可樂餅

在日本落地生根的眾多洋食之中，又以可樂餅爲知名家常菜的代表。目前仍在營業的醬菜店「CYOUSHI屋」於昭和二（一九二七）年在東京的東銀座開店，使用街上肉店販賣的豬油，炸出日本史上最早的可樂餅。站在肉店的立場，這麼做還能出清賣剩的肉和豬油，一舉兩得，自然積極販售，可樂餅因而在全國各地傳開。肉店賣的現炸可樂餅既便宜又美味，味道令人懷念，長年以來深受日本國民喜愛。

可樂餅最早是由十七世紀法皇路易十四的御廚寫下的食譜，與推測誕生於十八世紀的法國料理「炸肉餅（croquette）」一起傳入日本，演變成在地化的獨特美食。語源來自法語「酥脆」的狀聲詞「croquer」。法國的炸肉餅最初是將剩餘的燉肉重新烹調，加入法式基本醬料——用鮮

CYOUSHI 屋的元祖可樂餅和熱狗麵包夾可樂餅

奶、奶油和小麥粉做的白醬當作內餡炸成的料理。這在日本叫奶油可樂餅，在明治時代隨同西洋料理一起傳入日本。

炸肉餅在歐洲各地廣爲流傳，也一併傳入曾是英法殖民地的亞洲地區。現在更以日本爲首，風行用搗碎的馬鈴薯做的內餡。馬鈴薯在寒帶地區和貧脊的土地也能順利栽種，一年多次收成，且含有豐富的維生素B_1，能夠預防腳氣病，因而被廣泛運用在料理上。這是馬鈴薯料理普及的其中一個原因，在明治時代以前，日本海軍出航時，長年飽受腳氣病所苦，因此仿效英國海軍吃起馬鈴薯做的可樂餅。

法國的炸肉餅

將餡料沾上麵包粉，揉成圓形或圓柱狀，是可樂餅與炸肉餅的共同之處，但現在國外已把可樂餅視爲日本獨創的「korokke」，和炸肉餅被分類爲完全不同的食物。首先，法國顆粒細緻的麵包粉和日本的麵包粉（外國人稱之爲panko）口感截然不同。再者，炸肉餅雖然叫炸肉餅，但在歐洲常常不採油炸，而是直接放入烤箱烤。此外，日本配的是烏醋醬，外國則習慣搭配塔塔醬或番茄醬吃。

歐姆蛋、蛋包飯

歐姆蛋和蛋包飯是最具代表性的雞蛋洋食。日本直到江戶時代爲止，表面上禁止吃肉，但基本上會吃雞蛋。一七九五（寬政七）年發行的料理書《萬寶料理祕密箱雞蛋百珍》當中，刊載了共一〇三道雞蛋料理，大受好評。尤其明治時代，日本人爲求體格和歐美人一樣強壯，積極納入西式餐點，蛋白質豐富的「法式煎蛋捲（omelette）」受到重視，因而發明出了「歐姆蛋」這道料理。

將整顆蛋打散，加入少許牛奶和鮮奶油，以奶油或一般油微微煎過，再包入起司、肉和蔬菜的法式煎蛋捲「omelette」，據說語源來自拉丁語的薄木板（lamella），歷經漫長的歲月，逐漸變化成 alumelle 和 alumette，在十四世紀或十六世紀成爲料理名稱，並在十七世紀變成現在的樣子。與煎蛋捲相似的雞蛋料理，自古以來就流傳在伊朗、中國、泰國和印度等世界各地。

隨後，在歐姆蛋裡包入米飯、蔬菜和香菇等餡料，一份

法國聖米歇爾山的名產，蓬鬆柔軟的歐姆蛋。

煉瓦亭的蛋包飯

作爲一餐的「蛋包飯」在日本問世。據說這種日本獨創的蛋包飯，是由銀座煉瓦亭在一九○○（明治三十三）年時推出的。而現在常見包入番茄炒飯的蛋包飯，則是由大阪的「北極星」在一九二五（大正十四）年發明的。

此外，海軍也有一段關於蛋包飯的軼事。聽說當時蛋包飯是戰艦「大和號」的士官愛吃的隱藏菜單，但因外型酷似戰艦破碎（沉船），象徵著不吉利，因此，一定要在盤子裡放入奇數的豌豆粒，祈求消災解厄才行。

Hayashi Rice（牛肉燴飯）

傳聞由「上野精養軒」的林（hayashi）主廚或「丸善」創始者「早矢氏（hayashi）有的」所發明。此外，也有從英語的 Hashed beef with Rice（碎牛肉配飯）的日式發音演變而來的說法。是一道將多蜜醬熬煮的牛肉片、洋蔥等醬料淋在飯上吃的料理，同時也是明治時代問世的日本洋食代表。食品公司固力果同時推出了「Hashed Beef」和「Hayashi Rice」兩種口味的速成醬塊，如此說明：「Hashed Beef 和 Hayashi Rice 沒有明確的分別，一般認爲 Hashed Beef 是用多蜜醬熬煮

上野精養軒的 Hayashi Rice

的成熟風味，Hayashi Rice 則添加了紅醬或番茄醬，口味上更具親和力，大人小孩都喜歡。」

多利亞焗飯

這是一九二七年於橫濱開幕的新格蘭飯店（HOTEL NEW GRAND）初代廚師長——來自瑞士，培育無數日本廚師，備受景仰的「瑞士爸爸」薩利・瓦爾（Saly Weil），在一九三〇年左右發想於日本的料理。

當時，瓦爾深深著迷於法國廚神奧古斯特・埃斯科菲耶（Georges Auguste Escoffier）的廚藝，以此為志，年少便遊歷歐洲各國修練廚藝，精通法國以外的歐洲鄉土料理。在瓦爾淵博的學識下誕生的料理，就是「海鮮焗飯」。新格蘭飯店表示，當時

奧古斯特・埃斯科菲耶

薩利・瓦爾

飯店遵從瓦爾的方針，菜單上註明了「廚師長接受任何菜單以外的料理點餐」，一位身體不適的銀行家點了「容易吞嚥」的食物，因而創作出來。這道奶油燉飯佐燉蝦，上頭淋上白醬、撒上帕馬森乾酪的焗烤大獲好評，現在仍是新格蘭飯店的招牌菜。「多利亞」取自義大利熱那亞的名門貴族——多利亞家族的名字。多利亞家族是十九世紀有名的美食家，法國有不少廚師會在自創料理冠上其名；加上熱那亞是港口都市，盛產海鮮與帕馬森乾酪，推測多利亞焗飯的名字應該是這樣來的。

新格蘭飯店的海鮮焗飯

橫濱港

「Viking」是日本吃到飽的俗稱

Buffet 的法語原指在派對中「站著吃」的飲食型態，現在也指商業餐廳從大盤子裡自助夾取自己想吃的食物，端著小盤子回到座位坐著「吃到飽」的飲食型態。

在日本，吃到飽還有「Viking」這個稱呼。因爲東京帝國飯店引進的第一家 Buffet 餐廳就叫「Viking」，從今以後，這個字便成爲「吃到飽」的代稱，是日本才有的俗稱。

一九五七年，當時帝國飯店的老闆犬丸徹三前往丹麥旅行，在哥本哈根邂逅了北歐式 Buffet「smörgåsbord」，非常中意這種「盡情夾取自己想吃的食物」的飲食方式，於是導入自己的飯店。由於「smörgåsbord」的發音太難記，他以豪邁的北歐海盜爲形象，取了「Viking（維京）」這個單字，隔年在日本開了自助式餐廳「Imperial Viking」；漸漸地，「Viking」就演變成「吃到飽」的意思了。

當時，「Imperial Viking」餐廳裡擺滿了主廚切成多人份的烤肉片、綴上魚子醬的雞蛋料理和德國煙燻火腿等，全是令人屏息的豪華料理，在大學畢業第一份工作的月薪爲一二八〇〇圓的時代，一份要價一二〇〇圓的午餐和一六〇〇圓的晚餐算是相當昂貴，卻引發了連日大排長龍的盛況。

二〇〇四年，「Imperial Viking」進行整修，以「Imperial Viking Sal」的新面貌重新開張。改裝之後，盡情享用豪華餐點的興奮感依舊不減。

此外，有許多吃到飽餐廳從帝國飯店得到靈感，推出中華料理及蛋糕，還可隨意加點菜單上的項目，深受日本國民喜愛。

開幕時的菜單

Imperial Viking Sal

由主廚切成多人份的烤肉片

追加情報

法國料理成為各個國家的正式餐點

以歐洲國家為首，包含日本及世界多數國家，法國料理已是國際外交禮儀場合的正式餐點。但其實直到十六世紀之前，法國是個連貴族都不懂餐桌禮儀，隨手抓起食物便狼吞虎嚥的國家。

引進洗練的刀叉禮儀，是從法皇亨利二世迎娶來自義大利的凱薩琳・德・麥地奇（Catherine de Médicis），並招待其專屬御廚進宮之後才開始的。接著，一七八九年爆發了法國大革命，迫使這些御廚離開王宮，在街頭開起餐廳，活躍於十八到十九世紀，迅速提升了法國的料理水平。

除此之外，法國料理還因為一件歷史大事而沾光，一躍成為歐洲代表。那就是一八一五年到一八一六年舉辦於奧地利帝國首都維也納的「維也納會議」。

法國爆發革命之後，由拿破崙一世開啟了軍事獨裁政權，拿破崙戰爭一度快要征服歐洲大陸，卻在最後兵敗收場，造成的結果是歐洲國境分裂，需要各國齊聚一堂，商討善後問題，因而召開了維也納會議，以當時是歐洲列強的英國、俄羅斯、普魯士和奧地利等國代表參加，法國則派出外交官夏爾・莫里斯・德・塔列朗-佩里戈爾（Charles Maurice de Talleyrand-Périgord）出席會議，期間不時舉辦名廚馬利安東尼・卡瑞蒙（Marie

維也納會議

Antoine Carême）主事的晚餐會，接待各國重要人士。卡瑞蒙出身貧民窟，在巴黎蛋糕店工作的時候，被美食家塔列朗相中廚藝，以精湛的料理手腕迷倒賓客。被戲稱為「跳舞大會」而缺乏實際作為的維也納會議，在各國的質疑聲浪中持續了一年，塔列朗藉由精湛的外交手腕與宴會戰術，使戰敗國法國得以要求戰勝國接受談判條件，為其著名軼事。後來，塔列朗接受俄羅斯皇帝亞歷山大一世和英國王室喬治四世等人的委託擔任御廚，將法國料理發揚為西洋料理的龍頭代表。

馬利安東尼・卡瑞蒙

同期，日本歷經明治維新，亟欲修正不平等的安政條約[6]，以文明開化為目標，立志成為不輸給歐美的近代化、西洋化國家，因此也引進了法國料理作為皇室正式晚餐會的形式。但因近代天皇制是以英國王室為基礎設立，所以餐桌禮儀是採用英式版本。日本第一間西餐廳於幕末一八六三年在長崎開幕，如今前往舊哥拉巴邸[7]，還可見到「西洋料理發祥紀念碑」。據說餐廳老闆兼主廚草野丈吉前往荷蘭商館洽公時，吃到了西洋料理，得到啟發。現在在舊哥拉巴邸還有展示當時的菜單，看起來非常接近法國料理，但全是用荷蘭語標記

一八八三（明治十六）年，外務卿（之後的外務大臣）井上馨等人蓋了接待外國貴賓及外交官

的迎賓館「鹿鳴館」，被批判為歐化主義的極端，短短四年就閉館了，曾在此任職的主廚藤田源吉，當初也是在荷蘭商館受到西洋料理所啟發。

長崎舊哥拉巴邸與西洋料理

另一方面，一八六八年，附設法國餐廳的「築地飯店館」在東京築地開幕，聘請法國人主廚路易・貝格（Louis Beguex）當廚師長。這間飯店因為一八七二年發生的銀座大火而付之一炬，營業不到短短四年，路易・貝格隨後移居神戶，成為「神戶東方酒店（Oriental Hotel）」的經營者兼主廚。西部神戶的東方酒店因而和東部的帝國飯店、橫濱的新格蘭飯店合稱日本三大西餐廳飯店的鼻祖。

約莫這個時期，前往法國拜師學藝的日本廚師一一學成歸國，嶄露頭角。如「築地精養軒」（之後的上野精養軒）的廚師長西尾益吉，以及後來當上宮內省（之後的宮內廳）廚師長，直到一九七二年退休為止，擔任長達五十年「天皇御廚」的秋山德藏，都曾在法國料理界龍頭中的龍頭──奧古斯特・埃斯

鹿鳴館

科菲耶門下學藝。

由於關東大地震對住了許多外國人的橫濱造成重創，使他們紛紛移居神戶。一九二七年，新格蘭飯店打著「復興橫濱」的旗幟盛大開幕，初代廚師長薩利・瓦爾是擁有猶太人血統的德裔瑞士人，不但是埃斯科菲耶的愛徒，還引進了法國料理以外的德國豬腳、匈牙利湯和高麗菜捲等來自中歐的鄉土料理。許許多多的日本人前往外籍廚師的門下拜師學藝，沒有人像瓦爾這般熱心指導，甚至在晚年往返祖國瑞士與日本，持續指導日本後進，對日本的西洋料理有卓越的貢獻。

明治、大正、昭和初期，西洋料理和法國料理因為食材進口少導致價格飆漲，只有住在日本的外國人、日本皇族、政治家、上級士官、財閥和富家子弟等特權階級才吃得起。瓦爾的弟子陸續在日本各地自立開業，跨越時代，不斷拓展日本西洋料理的視野。

6：又稱《五國通商條約》，是日本在一八五八（安政五）年，分別與美國、荷蘭、俄國、英國、法國簽訂的不平等條約總稱。

7：湯瑪士・布雷克・哥拉巴（Thomas Blake Glover，一八三八～一九一一），活躍於日本幕末的蘇格蘭武器商，奠定長崎船塢基礎，透過造船、採礦、製茶貿易業，對日本近代化作出卓越的貢獻。哥拉巴邸為日本第一棟由日本人蓋起的西洋建築，現已登記為世界遺產。

追加情報

移居國外的日本人所想出的「洋食」

隨著明治時代到來，近代化造成經濟結構的急劇改變，農村因而出現過多的勞動人口，因此，農家長男以外的男丁，紛紛前往國外提供外籍勞力。早在明治維新蓬勃發展的一八六八年，就出現了日本人集體遷移海外的現象，令人訝異。

日本人前往工作的國家，主要為明治初期仍是獨立國家的夏威夷和美國、巴西、祕魯等，這些勞動人口長期往返兩地，不斷將多國的飲食文化結合在一起，誕生出有趣的折衷料理。比方說，使用美國軍糧「壓縮豬肉（午餐肉）罐頭」搭配白飯做的海苔捲料理「午餐肉飯糰」為一代表。還有祕魯邁入二〇〇〇年代之後，由日裔廚師想出來的全新融合（fusion）料理：「Comida Nikkei（日系食品）」。

橫濱港附近的JICA橫濱法人機構附設的「移居國外資料館」中，展示了這些日本移居者當時所吃的食物。一九三四年在巴西首次出版的《實用巴西料理與製菓之友》（佐藤初江著）一書中，深刻描寫了遠居異地努力融入當地生活，仍不忘其日本身分的移民們的心情。

午餐肉飯糰

日本的法國料理與西洋料理歷史年表

年代	大事
1615年	支倉常長率慶長遣歐使節團登陸法國南岸聖特羅佩，日本人初次與法國接觸。
1619年	荷蘭東印度公司成員法蘭索斯・卡隆（François Caron）抵日，法國人初次拜訪日本。
1853年	佩里黑船來襲，隔年開國。
1858年	簽訂日法和解通商條約。
1863年	草野丈吉在長崎開了日本第一家西餐廳「良林亭」（後來的「自由亭」），成為日本西洋料理的鼻祖。
1864年	日本接受天主教巴黎外方傳教會祭司貝爾納・珀蒂讓（Bernard-ThadéePetitjean）的指導，在長崎建蓋大浦天主堂。
1867年	倒幕派薩摩藩與英國接觸，德川幕府則鞏固與法國的關係作為抗衡，法國軍事顧問團抵達橫濱。直到明治為止，大日本帝國陸軍皆採法國軍制（隨後改為德式）。同年，德川幕府參加巴黎萬國博覽會。日本初次出席萬國博覽會，薩摩藩、佐賀藩則獨自參展。
1868年	法國人主廚路易・貝格在東京築地開了日本第一家法國餐廳「築地飯店館」。
1870年	明治政府將法國料理列為官方正式餐點。
1872年	日語寫的西洋料理食譜《西洋料理指南》（敬學堂主人著）、《西洋料理通》（假名垣魯文）首度問世。

1890年	帝國飯店開幕。
1895年	煉瓦亭在銀座開幕，隨後開發出炸豬排（排骨）及蛋包飯等。
1913年	前去巴黎拜奧古斯特・埃斯科菲耶為師的秋山德藏學成歸國，就任宮內省（後來的宮內廳）廚師長，擔任「天皇的御廚」直到一九七二年。
1914年	第一次世界大戰爆發（～一九一八年）。
1917年	〈可樂餅之歌〉大流行。
1923年	關東大地震，橫濱遭受重創。
1927年	橫濱新格蘭飯店開幕，薩利・瓦爾抵達日本出任廚師長，傳授正統法國料理，並開發出新菜色「海鮮焗飯」、引進單點式菜單等多項劃時代改革，培育了無數日本廚師。
1939年	第二次世界大戰爆發（～一九四五年）。
1958年	帝國飯店從北歐的「smörgåsbord」獲得靈感，開了日本第一家Buffet餐廳「Imperial Viking」。
1964年	東京奧林匹克運動會開幕。
1966年	巴黎名餐廳「MAXiM'S DE PARiS」在銀座開幕（於二〇一五年歇業）。
1970年	日本萬國博覽會（大阪萬博）開幕，一共七十七個國家參加。
1979年	巴黎餐廳「Le Bourdune」主廚中村勝宏獲得日本人史上第一個米其林指南一星。

1994年	法國榮獲國家最優秀職人勳章的米其林三星主廚，喬爾・侯布雄（Joël Robuchon）策劃的「Taillevent Robuchon」在東京惠比壽開幕。
2007年	首次發行東京版的《米其林指南》。

至今仍在營業的日本主要法國餐廳老店

○神戶東方酒店（神戶）1870年創業
○龍土軒（東京・西麻布）1900年創業
○萬養軒（京都）1904年創業
○Chez Mortier（東京・廣尾）前身為1907年創業的「中央亭」
○帝國飯店（東京・日比谷）1923年創業
○RESTAURANT ALASKA（大阪・北新地）1928年創業
○學士會館（東京・神保町）1928年創業
○Escoffier（東京・銀座）1950年創業

至今仍在營業的日本主要西洋料理、洋食餐廳老店

○上野精養軒（東京・上野）1872年創業，前「築地精養軒」
○日光金谷飯店（栃木・日光）1873年創業
○富士屋飯店（神奈川・箱根）1878年創業
○五島軒（雪月亭）（北海道・函館）1879年創業
○神谷Bar（東京・淺草）1880年創業
○武藏屋（東京・新橋）1885年創業
○煉瓦亭（東京・銀座）1895年創業
○CAPITAL東洋亭（京都）1897年創業，前「東洋亭」
○新宿中村屋（東京・新宿）1901年創業
○黑船亭（東京・上野）1902年創業
○松本樓（東京・日比谷）1903年創業
○小川軒（東京・代官山）1905年創業
○Pon多本家（東京・御徒町）1905年創業，排骨專賣店
○grill富久屋（京都）1907年創業
○松榮亭（東京・神田1907年創業）
○Luncheon（東京・駿河台）1909年創業

○自由軒（大阪）1910年創業

○小春軒（東京・日本橋）1912年創業

○RESTAURANT吾妻（東京・淺草）1913年創業

○萬定Fruit Parlour（東京・本鄉）1914年創業

○東京會館（東京・有樂町）1920年創業

○北極星（大阪）1922年創業，蛋包飯專賣店，前「麵包屋食堂」

○Pia軒（新潟）1923年創業

○YAMAGATA（東京・銀座）1924年創業

○三笠會館（東京・銀座）1925年創業

○RESTAURANT香味屋（東京・根岸）1925年創業

○明治軒（大阪）1925年創業

○RESTAURANTSTAR（京都）1925年創業

○新格蘭飯店（橫濱）1927年創業

○勝烈庵（橫濱）1927年創業，排骨專賣店

○grill瑞士（東京・銀座）1927年創業，咖哩豬排發祥店

○學士會館（東京・神田神保町）1928年創業

○資生堂Parlour（東京・銀座）1928年創業

○RESTAURANT銀嶺（長崎）1930年創業

○燕grill（東京・品川）1930年創業

○TAIMEIKEN（東京・日本橋）1931年創業

○芳味亭（東京・日本橋）1933年創業

○山守屋（大阪・北新地）1933年創業

○RESTAURANT早川（東京・銀座）1936年創業

○PAICHI（東京・淺草）1936年創業

○菊水（長野・輕井澤）1936年創業

○本町亭（京都）1937年創業

○洋食KIMURA（橫濱）1938年創業

○grill GRAND（東京・淺草）1941年創業

○洋食KIRAKU（東京・人形町）1946年創業

○grillMARUYOSHI（大阪・阿倍野）1946年創業

○銀座三河屋（東京・銀座）1948年創業

○HARI重grill（大阪・道頓堀）1948年創業

○Bulldog（東京・大井町）1949年創業

○YOSHIKAMI（東京・淺草）1951年創業

大日本帝國海軍帶起的「洋食」

◎舊海軍採用英國兵制的用餐方式

西洋料理在日本成爲洋食大眾普及化，有一個重要的原因，那就是明治時代的日本帝國海軍。一八七〇（明治三）年，帝國海軍決定仿效英國兵制，包括用餐方式也一併採用，咖哩飯和燉牛肉因而出現在菜單上。

在國家政策的推行下，海軍引進西洋規格的武器和軍艦，期望培育出與西方人並駕齊驅的體格和力氣，並且預防當時因爲缺乏維生素而大肆流行的「腳氣病」，於是在伙食裡加入營養均衡、和洋折衷的「洋食」。士兵們在軍隊裡吃慣了洋食，逐漸將這樣的飲食習慣帶向了日本全國。

當時有眾多海軍弟兄因爲罹患腳氣病而身亡，情況相當嚴重。一八七二（明治五）年，高木兼寛從英國歸國，成爲海軍軍醫，推測病因和飲食有關，於是拿掉日本人長年愛吃的精緻白米，改在餐點中放入洋食和麥飯，改善飲食之後，腳氣病便幾乎不再發生了。現已證實，腳氣病是缺乏維生素B_1造成的疾病，然而在當時是原因不明的怪病，陸軍軍醫認爲和細菌有關，沒有改善以白米爲主的飲食方式，導致死亡人數不斷增加。

陸軍和海軍還有其他不同的伙食制度，例如陸軍的伙食是採輪班制，從各中隊推舉負責人；海軍則設有專門的伙食兵制度，廚房設備也很完善，據說比陸軍伙食更加美味。第二次世界大戰結束後，這道傳統美味就此流傳。日本全國各地與舊海軍、海上自衛隊擁有歷史淵源的港鎮，紛紛推出重現當年海軍餐點的「海軍美食巡禮」企劃，振興鄉里。

海軍と洋食
海軍にとって、水兵の強靭な肉体と体格をつくりあげるための兵食は、大きな課題でした。特に、水兵の間でしばしば発症する脚気（かっけ）は、原因不明の病気として問題視されました。当時は、ビタミンに関する知識がなかったため、ビタミンB１欠乏症と特定できなかったのです。
そうした中、西洋でみられない脚気が日本海軍で多く発症するのは、艦上食に問題があるのではないかと考えられました。
そこで、海軍は艦上食に西洋料理を取り入れたのです。遠洋航海において、西洋料理は見事に脚気を予防し、以後、日本人の好みに合うように工夫が施され、海軍食として定着していったのです。
舞鶴紅磚公園內展示的「海軍與洋食」解說

◎橫須賀的「咖哩」

從前的大日本帝國海軍，分別在天然良港：橫須賀（神奈川）、佐世保（長崎）、吳（廣島）、舞鶴（京都）四處設了鎮守府；在大湊（青森）設了警備府，作爲根據地。這些港都隨著日本近代化腳步的推進，成爲海防要塞軍事港都，蓬勃發展。四個鎮守府現已全數登記爲日本遺產，當地更保留了許多運作超過百年的老設備。

現在，鎭守府、警備府所在的港鎭，紛紛推出以海軍作爲主題的美食巡禮企劃，接下來爲您介紹當中的先驅：橫須賀的「咖哩」。

英式咖哩是英國人在明治時代，使用印度殖民地的香辛料所發明的燉煮料理，選用英國人愛吃的牛肉、馬鈴薯、紅蘿蔔和洋蔥來熬煮，添加具有保存作用的香辛料，便於長時間航海的英國海軍保持營養均衡，因而列入菜單內，成因和印度咖哩完全不同。儘管英國現今印度移民人口增加，兩國有許多飲食文化交流的機會，這也不是英國的一般菜單。日本海軍最初仿效英國海軍，咖哩的附餐用的是麵包，但由於日本人吃不習慣，便在湯汁裡加入小麥粉製造黏稠感，淋在飯上享用，海軍伙食「飯咖哩（咖哩飯）」就此拍板定案！

橫須賀港戰艦三笠復原展覽「紀念艦三笠」，與立在前方的前海軍司令官東鄉平八郎像。

翻閱日本海軍在一九〇八（明治四十一）年發行的《海軍烹飪術參考書》，可知「飯咖哩」的作法大致如下：

首先用抹了牛脂的平底鍋翻炒小麥粉，等顏色變成焦黃後，放入咖哩粉，慢慢倒入高湯攪拌，煮出黏稠感，加入剁碎的牛肉或雞肉，將馬鈴薯切塊。接著放紅蘿蔔、洋蔥下去煮，以鹽巴調味。馬鈴薯可以等洋蔥和紅蘿蔔煮成泥狀再放。將加了小麥、煮得比較硬的白飯盛盤，把咖哩湯汁淋在白飯旁邊便大工告成。

海軍咖哩傳遍各地的海軍基地，當中又以離首都東京最近的海防重鎮橫須賀的傳播力最大。「飯咖哩」由返鄉的士兵帶回一般家庭，在全國廣為流傳。於是，海軍的「飯咖哩」成為日本咖哩的起點。海軍咖哩的傳統由海上自衛隊繼承，聽說他們現在仍有在星期五吃咖哩的習慣。

海上自衛隊的「飯咖哩」傳統會附上牛奶、蔬菜沙拉及水煮蛋等附餐。現在橫須賀的餐飲店販賣的「橫須賀海軍咖哩」也承襲了這項傳統。

橫須賀魚藍亭原創的橫須賀海軍咖哩

追加情報

各地的海軍咖哩商品

說到海軍咖哩，最有名就是橫須賀了。而其他曾作為大日本帝國海軍軍港的港鎮如：舞鶴、吳、佐世保等，也積極使用咖哩來推廣「在地美食」。

其中最受歡迎的商品，就是海軍咖哩調理包。各家廠商和餐廳紛紛推出多種包裝來販售，走進禮品店就能看見高高疊起的調理包。此外，為了作出區別，吳專門販賣搭配馬鈴薯燉肉的「馬鈴薯燉肉咖哩」、馬鈴薯燉肉咖哩可樂餅、馬鈴薯燉肉以及咖哩口味的洋芋片等，商品不斷推陳出新，搭配各種行銷手法販售。

不僅如此，店家也販賣了由地方糕餅店及知名麵包廠商推出的「海軍咖哩麵包」等合作商品。

在禮品店販售的海軍咖哩調理包商品

◎舞鶴的「馬鈴薯燉肉」

舞鶴早在一九九九（平成十一）年橫須賀盛行海軍咖哩之前的一九九五（平成七）年，便透過「馬鈴薯燉肉」來振興鄉里。「馬鈴薯燉肉」在昭和四十年代家庭料理電視節目的宣傳下正式定名，在此之前是稱爲「甘煮」、「燉煮」、「牛肉蔬菜燉煮」等各種名字的海軍料理，據說原型來自英國的「燉牛肉」。

海軍需要長期在海上生活，有時難免失去日期感，爲了預防這個問題，因而制定了按星期推出不同菜色的供餐制度。其中，食材幾乎與燉牛肉相同，只要改變調味就能變換菜色的咖哩和馬鈴

舞鶴港

薯燉肉尤其重要。

舞鶴面對日本海，被谷灣地形環繞，東西兩區各自發展。西舞鶴屬於傳統漁港，東舞鶴從明治時代發展出小鎮，跟隨海軍走過歷史。如今，東舞鶴是海上自衛隊的基地，有軍艦停泊，還有眾多自衛隊相關人士居住，會在星期假日對一般民眾開放海軍紀念館，以及舞鶴鎮守府初代司令官東鄉平八郎住過兩年的官邸，聽說保存狀態相當良好。

相傳馬鈴薯燉肉的誕生與東鄉有關。東鄉在英國留學七年，學習國際相關法，歸國後對英國燉牛肉的滋味念念不忘，建議將這道營養豐富的餐點列入海軍伙食，命令海軍廚師長還原它的味道，間接促成了這道料理。當時雖然使用了燉牛肉加的紅酒和奶油，但是難以取得和英國一模一樣的調味料，所以使用了日本現有的醬油、砂糖、麻油來調味，想不到非常好吃，令東鄉大爲讚賞。

舞鶴市海上自衛隊第四術科學校保存的《海軍廚藝管理教科書》

舞鶴之所以被認證爲馬鈴薯燉肉的發祥地，聲名遠播，是因爲著重營養（烹調）教育訓練的舞鶴海上自衛隊第四術科學校，從大正到昭和初期編寫的海軍料理教科書《海軍廚藝管理教科書》，是唯一現存的文獻依據。在這本教科書裡，以「甘煮」之名記載了馬鈴薯燉肉的作法。

和海軍一同興衰的舞鶴市，善用地緣之便，將馬鈴薯燉肉設爲活絡鄉鎮的招牌，在市內發送美食地圖，網羅十六家可吃到馬鈴薯燉肉的餐廳和食堂。

舞鶴的馬鈴薯燉肉吃法比較自由，有些店作爲單獨的一道菜來販售，有些做成蓋飯，有些則搭配蛋包飯一起享用；還有一些店提供加入可樂餅、夾到麵包裡、做成漢堡或熱狗麵包等不同選擇。市內甚至組成了「舞鶴馬鈴薯燉肉祭實行委員會」，全面舉辦馬鈴薯燉肉的歡慶活動。

然而，同爲海軍鎮守府的廣島吳市表示自己才是馬鈴薯燉肉的發祥地，主張這道菜是東鄉來此出任參謀時催生的，雙方雖然爭論不休，但也以同爲鎮守府舊鎮的身分深入交流。

接著爲您介紹在舞鶴發現的《海軍廚藝管理教科書》中揭載的甘煮作法。將鍋子點火，加

舞鶴馬鈴薯燉肉與「舞鶴馬鈴薯燉肉地圖」

入麻油、碎牛肉和醬油下去炒，接著放入篩過的蒟蒻、切成四等份的馬鈴薯和切成弓形的洋蔥，合計煮三十分鐘左右。在現代，美味、好烹調的馬鈴薯燉肉已是日本的家常料理。關西地區的舞鶴和吳雖然按照海軍食譜使用牛肉烹調，但在關東地區流行好買又便宜的豬肉馬鈴薯燉肉。馬鈴薯燉肉問世超過一百年，在日本各地發展出有趣的地方色彩。

此外，《海軍廚藝管理教科書》裡也收錄了名叫「燉牛肉」的料理，根據內容，麻油的部分是用牛脂；醬油和砂糖的部分則是用番茄醬來調味。如果沒有番茄醬，就仿照煮咖哩的方式，在一開始加入小麥粉增加黏稠度。然而書中沒有提到紅酒和奶油，所以可能已經針對日本環境做過調整。

舞鶴的馬鈴薯燉肉丼

舞鶴紅磚公園展示的燉牛肉導覽

二〇〇七年舞鶴市發行的現代白話文新譯
《海軍烹飪術參考書》

◎深深影響日本肉食產業的英國

日本進入明治時代以後，致力於提升國際地位和修正不平等條約，急速推行西洋近代化政策，引用福澤諭吉在《文明論之概略》（一八七五年）中將「civilization」譯爲「文明開化」的口號，爲求改善劣於歐美人的體格，鼓勵民眾多多吃肉。尤其吃牛肉最被視爲文明開化的象徵，作家假名垣魯文諷刺當時風俗的《安愚樂鍋》（一八七一年）一書，也以牛肉鍋店作爲舞台。

日本的肉食產業，特別是牛肉產業，深深受到英國人的影響。英國人無論咖哩或者馬鈴薯燉肉，用的都是牛肉，自古便和牛肉密不可分（請參考九十七頁）。一八六八年一月一日（慶應三年十二月七日）神戶港開港，當時抵達日本的外國人當中，也以英國人最早看上日本的牛肉市場。

西方人在日常飲食中不可欠缺的肉類，在當時的日本不易取得。關西自古盛行以牛耕田的農耕產業，牛隻數量多，本來作爲農耕駝獸的牛隻因此成爲屠宰肉品。英國人吃了之後讚不絕口，隨後誕生出世界知名的「神戶牛肉」。

現在雖然已經明文規定神戶牛肉的定義，但在當時不只使用兵庫牛，作爲出口商品運到神戶港的近江牛也稱作神戶牛。

日本從繩文時代（西元前一四〇〇〇～前三〇〇〇）便飼養牛隻作爲家畜，奈良時代（七一〇～七九四）雖然頒布肉食禁令，但其實直到明治時代，人民始終有悄悄吃牛肉的習慣。彥根藩更是唯一受到江戶幕府公認，可以屠宰牛隻、生產牛肉的單位。據說彥根藩士花木傳右衛門將「牛肉味噌漬」做成滋補養身的藥品「反本丸」，成爲之後獨立品牌「近江牛」的前身。

山形的米澤牛與神戶牛、松阪牛（或近江牛）合稱日本三大和牛。明治時代，英國人教育家查爾斯・亨利・達拉斯（Charles.Henry.Dallas）造訪米澤，將米澤牛發揚光大。達拉斯訝異於本來作爲農耕牛飼養的牛肉如此美味，感動不已。任期結束返回橫濱時，帶了一頭牛的牛肉給英國朋友分享，大受好評而留下佳話。

追加情報

為什麼英國人特別愛吃牛肉？

日本在明治時代作為進步範本的歐美大國裡，與牛肉歷史淵源最深的國家就是英國了。英國琴酒品牌「Beefeater（吃牛肉）」最早是倫敦塔衛兵隊（The Yeomen Warders）的俗稱，據說十七世紀國王舉辦宴會之後，允許衛兵隊將吃剩的牛肉打包帶回，因而得到這樣的稱呼。

英國從十五世紀亨利七世治國的時代，貴族間特別盛行在星期天下午現宰牛隻烤牛肉的習慣，稱作「Sunday Roast」。聽說本來是基督教「星期五禁止吃肉」的齋戒結束後的犒賞，源自英格蘭北部約克郡的習俗，傳統會配上外皮酥似泡芙的「約克郡布丁」一道享用。英國現在仍保有這個習俗，許多酒吧和餐廳會特別在星期天下午推出烤牛肉特餐。

Beefeater

在「Sunday Roast」沒吃完的牛肉，冷掉後可做成三明治、燉牛肉或碎牛肉等料理，成為當週的餐點。「英國食物很難吃」是人們對英國的刻板印象，其中一個說法是英國人餐餐不離烤牛肉，太過單調所致。

現在烤牛肉在日本是一道年菜，更是豪華宴會場合不能或缺的重要菜色。

Sunday Roast

日本的英國料理歷史年表

年代	大事
１６００年	荷蘭商船「博愛號（De Liefde）」漂流至豐後國（大分縣），英國籍船員威廉・亞當斯成為後來的三浦按針，擔任德川家康的外交顧問。
１６１３年	英國東印度公司貿易船「丁香號（Clove）」成為日本史上第一艘來航的英國船。指揮官約翰・薩里斯（John Saris）帶著英國國王詹姆士一世的親筆信函，呈交德川家康。兩國正式展開邦交，但受英國和荷蘭關係惡化影響，在一六二三年斷交。
１８５４年	前一年佩里黑船來襲，日本開國，簽訂日英友善條約。
１８５８年	簽訂日英和解通商條約。
１８７０年	成立大日本帝國海軍（日本海軍），仿效英國海軍編列制度。為了預防腳氣病，導入英國海軍的伙食。咖哩、馬鈴薯燉肉（燉牛肉）、可樂餅列入菜單當中，隨後成為普及大眾的洋食。
１８７２年	岩倉使節團訪英，從英國帶回豐富的知識回到日本。 英國路透通訊社（Reuters）在日本開設第一家分公司。
１９０２年	在倫敦簽訂日英同盟。
１９１４年	第一次世界大戰爆發（～一九一八年）。日本因為日英同盟而參戰。
１９２３年	簽訂日英美法四國條約，日英同盟廢止。
１９３９年	第二次世界大戰爆發（～一九四五年），與英國成為敵對國家。

1951年	簽訂舊金山和平條約，隔年生效，修復日英關係。
1966年	日本第一家英式酒吧「Cardinal」在銀座開幕。
1975年	伊麗莎白二世當上英國女王後初次訪日。
2013年	日本第一家炸魚薯條專賣店「MALINS」在六本木開幕。

跟俄羅斯正教一起傳入函館的「洋食」

俄羅斯料理

◎相近又遙遠的國家，日本與俄羅斯的初次相遇

北海道函館在一八五八（安政五）年日美通商友善條約的簽訂下，和橫濱、長崎並列日本重要港鎮。當地直接受到歐美文化洗禮，街上隨處可見多國樣式的教堂、舊領事館與石板坡道，現今仍洋溢著異國情調。

在眾多外貿國家裡，與函館交流最深的，就屬地理位置相近的俄羅斯了。現在，函館和俄羅斯海參崴是姊妹都市，也是拜兩都市長年深交、建立情誼所賜。

函館和俄羅斯的交情，始於一七九二（寬政四）年，俄羅斯帝國軍人亞當・拉克斯曼（Adam Laxman）受命於女帝凱薩琳二世，護送三名漂流至西伯利亞伊爾庫次克的日本人回國，帶著通商交涉的國家書信，抵達北海道最東側的根室。幕府首先命令拉克斯曼去出島[8]所在的長崎進行交涉，但他最後沒去長崎，航入箱館（函館的舊稱）港，完成任務後回到俄羅斯。這是外籍船隻史上第一次停泊於函館。

日俄友善條約簽訂之後，函館設置了俄羅斯領事館，政治、經濟、海軍、科學、醫療領

函館

域的專家匯聚一堂，俄羅斯船開始頻繁入港。隨著俄羅斯人口增加，一八五九（安政五）年，日本蓋起第一座基督教分支——俄羅斯東正教的聖堂。

一八六一年，俄羅斯領事館祭司尼古拉・卡薩德金（等同使徒大主教・聖尼古拉）依據俄羅斯東正教的教義，將傳到函館的東正教定名為「日本東正教（日本正教會）」，延續至今。

一九〇七（明治四十）年，函館日本正教會的聖堂發生大火，付之一炬，於一九一六（大正五）年重建。這座日本最古老東正教教會的「主之復活聖堂」，已登記為日本重要文化財產，現在是函館的街頭地標。

等同使徒大主教・聖尼古拉

◎函館的俄羅斯料理

宗教和飲食的關係密不可分，隨著信奉東正教的日本人增加，從俄羅斯傳入的料理也在函館發展出地方特色。

東正教將麵包視作基督的身體，除此之外，在復活大祭前的「大齋期」也禁食乳製品和肉製品等葷食，必須遵守各種宗教飲食戒律。來自俄羅斯的祭司與同行的俄羅斯人，將祖國的宗教飲食傳統帶入教會廚房，傳授給日本信徒。這些信徒發揮學到的技術，有些人後來創立了食品餐飲業，其中最具代表性的，就是函館現仍在執業的老店五島軒（雪河亭）。

五島軒是一八七九年創業的函館老西餐廳，廣爲人知。相傳來自長崎縣五島列島的主廚五島英吉與初代老闆若山惣太郎，是函館俄羅斯料理、麵包、蛋糕店的開業先驅。

五島軒主要販賣咖哩及法國料理等西餐，

8：出島是江戶時期日本對西方唯一開放的窗口，是一座扇形人工島，也是外國人的居留地。

函館日本正教會

目前也提供羅宋湯、皮羅什基與俄羅斯烤肉等俄式餐飲點心。

五島軒的正門

五島軒的俄羅斯料理（酸奶牛肉與甜菜頭沙拉）

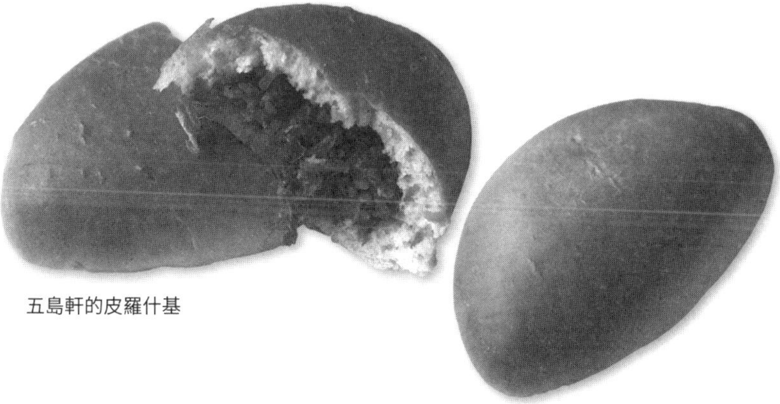

五島軒的皮羅什基

追加情報

函館日本正教會和五島軒

函館日本正教會是日本數一數二古老的東正教教會，當地人給它一個親切可愛的稱呼叫「叮噹寺」。名稱來自一九〇七（明治四十）年聖堂毀於祝融之後，首次重建完工時，如演奏般叮噹響起的五座大鐘。

任職函館日本正教會二十年的祭司寫下《函館叮噹寺物語》（廚川勇著．北海道新聞社），內容提到，現仍提供函館道地俄羅斯料理的西餐廳「五島軒」，創設由來與函館日本正教會有著淵源關係。在市內函館山的近郊，除了五島軒和日本正教會之外，還矗立著俄羅斯極東聯邦綜合大學函館校區與衆多舊俄羅斯領事館，彷若俄羅斯街景。

五島軒初代廚師長五島英吉，本名叫宗近治，原為五島列島的百石俸祿級（指微祿）武士，曾在長崎擔任中文口譯，受幕府雇用，坐上所屬艦艇，在函館捲入戊辰戰爭，一時淪為朝敵。宗近治在函館灣的小船中負傷獲救，和另一位傷兵接受俄羅斯領事館的幫助，藏匿於日本正教會，為了向尼古拉神父報恩，獻身教會長達十年之久。

尼古拉神父上京建蓋東京復活大聖堂（尼古拉堂）後，宗近治隨侍新上任的阿納托利神父，一面處理周身事務，一面向隨行的俄羅斯人學習道地俄羅斯料理及糕餅點心，練就出精湛的手藝，可替代廚房職務。此外，宗近治亦受洗日本東正教，成為信徒。

十年後，宗近治決意離開日本正教會，取家鄉地名改名五島英吉，經由熟識的日本信徒引薦，認識了若山惣太郎。若山出身自武藏國鴻巢醫師世

家，經營米市失敗，來到急速發展的函館謀求新商機，對五島很感興趣，聽聞他是日本尚未開拓的俄

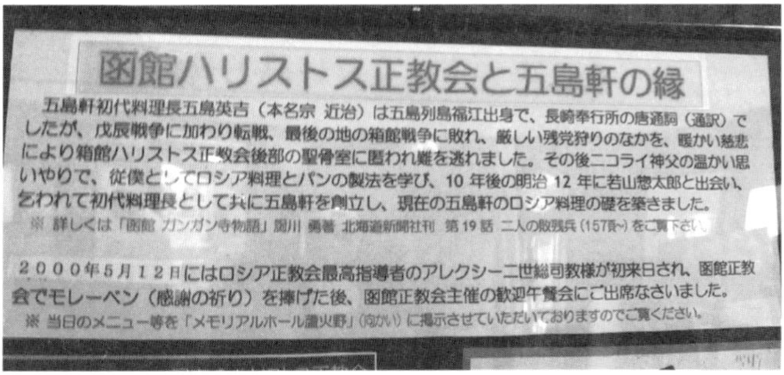

五島軒館內告示牌上，提到主廚與函館日本正教會的因緣關係。

羅斯料理、糕餅師傅，想聘他做主廚，創設西餐廳。店號取廚師長之名，定名五島軒，此事業大獲成功。一八九〇（明治二十三）年，五島前往氣候溫暖的橫濱度過晚年，廚師之位交棒給徒弟，現在也以親民的商業午餐價格，提供味道不變的俄羅斯餐點。

此外，也有廚師在五島軒修成之後自立門戶，在函館開店。大正時代還有「鞍馬軒」、「Lion」等提供俄羅斯料理的西餐廳，可惜都在第二次世界大戰前歇業了。

◎函館俄羅斯料理餐廳沿革史

約莫在幕末時期，俄羅斯人開始來到日本函館居住，當地因而傳入俄羅斯料理，由俄羅斯人開設或俄羅斯人傳授給日本人的餐飲店曾經存在。

在函館開港、各國紛紛設置領事館的時代，英國領事奉行官曾邀請各國領事及俄羅斯海軍士官，參加俄羅斯式的國際餐會。俄式餐點的特色是，由於當地氣候嚴寒，菜一上桌就會冷掉，所以一道一道按順序慢慢上菜。在現代，已經成為以法國料理為首的上餐方式主流。

據說日本最早的俄羅斯餐廳，是住在函館的俄羅斯人——彼得・亞歷克賽耶維奇・亞歷克賽耶夫這對夫婦，從明治初期經營到一八七九（明治十二）年的「俄羅斯飯店」。由於當時不易取得畜牧肉品，他們親自飼養牛豬當作食材。此外，也聘用了日本人廚師，聽說當中有人學成之後自立門戶，開了麵包店。

一九一七年爆發俄國革命，曾有數千單位的俄羅斯人流亡到日本。這些流亡者多半從海參崴搭定期渡輪前往福井縣的敦賀，當中也有許多人抵達函館。俄羅斯餐飲店因此增加，期間有俄羅斯人經營的咖啡廳「維爾加」、來自堪察加半島的普許艾瓦母女經營的俄羅斯餐館「奧斯摩洛夫斯基」等店家開幕；不僅如此，聽說市內隨處可見俄羅斯人販賣麵包。

近年還有吉田和子女士使用俄羅斯祖母的家傳食譜開的俄羅斯餐廳「卡秋莎」，從一九八

○年開幕，一直營業到二〇〇〇年代初期才結束。

現在，在日本烏克蘭文化交流協會北海道分部長——北見伸子所經營的店家「丸玉小屋」裡，可吃到以道地烏克蘭（俄羅斯）式烤箱烤的皮羅什基和正統羅宋湯。

◎東京流行蘇聯時代的俄羅斯料理

除了函館與東正教文化的影響，日本盛行起俄羅斯料理，跟第二次世界大戰後的一九五〇年代，滿洲國的歸國者所開的俄羅斯餐廳有關。滿洲和俄羅斯接壤，經常可吃到俄羅斯料理。例如東京的「羅戈夫斯基」和「松花江」（老闆是歌手加藤登紀子小姐的父母，京都分店爲「基輔」），都是營業至今的俄羅斯料理餐廳老店。尤其羅戈夫斯基的初代廚師長——長屋美代，想出了日本獨創加了冬粉的皮羅什基。這道皮羅什基的食譜收錄在著作《俄羅斯料理》（一九七〇）當中，全國的料理講習也以此書作爲授課範本。

此外，一九五〇年代日本都市盛行過「歌聲咖啡廳」和「歌聲酒店」[9]，也是俄羅斯文化傳入日本的主要原因。「歌聲咖啡廳」和「歌聲酒店」成爲許多年輕人隻身上京就業的心靈寄託，隨後甚至發展出「歌聲運動」。「歌聲運動」將蘇聯共產主義和社會主義思想標語「萬國勞動

9：指店內客人一同合唱，有時用鋼琴、手風琴伴奏，有時請樂團表演。

者團結起來啊！」印在旗幟上，打著「唱歌吧馬克思，跳舞吧列寧」口號，連帶影響了一九六〇年代風行的學運。

「歌聲咖啡廳」和「歌聲酒店」除了唱革命歌、勞動歌及和平歌之外，也唱對蘇聯懷抱憧憬的〈卡秋莎〉、〈明燈〉等俄羅斯民謠，部分店家提供了皮羅什基、俄羅斯醃酸黃瓜、伏特加等俄式餐飲酒品。新宿有一家「底層」（店名取自俄羅斯作家克西姆・高爾基的劇本）從一九五一年營業至今，許多名人如三島由紀夫等曾是店裡的常客，如今雖然將創業當時的建築物改裝爲居酒屋，但仍提供俄羅斯菜單，處處可嗅到昔日光景。

◎在日本落地生根的俄羅斯料理

羅宋湯

羅宋湯是俄羅斯料理的代表，據說發祥於烏克蘭。除了烏克蘭，在俄羅斯以外的波蘭、白俄羅斯、羅馬尼亞、立陶宛等地也能吃到類似的料理。在俄羅斯通常把加入高麗菜、紅蘿蔔、洋蔥、馬鈴薯、肉或魚，以及甜菜頭（beetroot，甜菜的軸根）、酸奶油（smetana，斯美塔那酸奶油）的湯稱作羅宋湯，每個地區和

俄羅斯的羅宋湯

家庭的食譜略有不同，還可細分爲加了虎杖（酸模）的綠羅宋湯、加了裸麥的白羅宋湯，以及夏天喝的冷羅宋湯；使用酸奶油以外的食材調出酸味的湯有時也泛指羅宋湯。羅宋湯和俄羅斯、東歐的宗教息息相關，是烏克蘭和波蘭的聖誕夜萬萬不能缺少的湯品。遇到齋戒日，改用魚取代肉類和酸奶油。此外，天主教在四旬節（東正教的大齋）時期也會吃這種羅宋湯。

舞台回到日本，東京新宿的中村屋在一九二七年推出兩大招牌菜，其中之一是道地印度式咖哩，另一個就是羅宋湯。聽說這是日本最早出現的羅宋湯，提案人是烏克蘭出生的盲眼詩人瓦西里・愛羅先珂[3]，湯料包含高麗菜、肉（牛肉）、馬鈴薯等，這部分和俄羅斯一樣，但是不加日本人吃不慣的酸奶油，改用番茄煮成紅色的湯。現在新宿中村屋的羅宋湯一樣不使用酸奶油。當日本人的喜好確立以後，番茄湯成爲主要湯底，完全不加酸奶油或只加一點點酸奶油的羅宋湯，爲日本的市場主流。

新宿中村屋的羅宋湯

另一方面，經由俄羅斯東正教傳入函館的五島軒，以及在東京等地設有店鋪的羅戈夫斯基、松花江等由滿洲歸

10：瓦西里・愛羅先珂（VasiliiYakovlevichEroshenko，一八九〇～一九五二），俄羅斯詩人、童話作家。四歲得麻疹失明，二十二歲赴英留學，二十四歲就讀東京盲人學校，使用日語和世界語（Esperanto）發表作品，後被視為危險思想分子逐出日本，在北京結交魯迅。一九二三年回國。

國的日本人所開的俄羅斯餐廳，持續提供加入酸奶油的羅宋湯。對日本的俄羅斯料理貢獻良多的店家羅戈夫斯基，將番茄湯底稱作「鄉村風味」，酸奶油湯底稱作「烏克蘭風味」，提供兩種口味的羅宋湯。

皮羅什基

用酵母、雞蛋和小麥粉揉成麵團，加入餡料的皮羅什基，在俄羅斯被視作一種麵包。一般而言會加牛肉和雞蛋，但在東正教禁吃葷食的齋戒期，會加馬鈴薯、洋蔥、香菇、高麗菜等蔬食，以及鮭魚等餡料。包入果醬、蘋果、杏桃等水果或茅屋起司的餡餅也稱作皮羅什基。尺寸通常只比漢堡小一點，也有配合湯品做得更小的種類，主要用烤箱烤來吃。在東歐諸國、伊朗和摩洛哥，也有類似皮羅什基的傳統食物。

俄羅斯式的皮羅什基

附帶一提，日本獨自發展的皮羅什基，大多是沾麵包粉下鍋炸。也有人說它是咖哩麵包的原型，更接近俄羅斯一種叫「Pirozhki」的炸麵包食物。

日本各式各樣的皮羅什基

函館：烤箱烤的俄式爲主流。函館日本正教會附近的俄羅斯餐館丸玉小屋直接以「烤皮羅什基」爲名稱販賣。這裡還有賣蝦夷鹿肉（北海道品種）皮羅什基。

東京：加了冬粉（羅戈夫斯基首創）。不沾麵包粉，直接油炸。

東京：加了淺草自古傳承的「時雨煮（薑燒佃煮）」（俄羅斯餐廳「Stolovaya」販賣）。

神戶：加了絞肉、洋蔥和水煮蛋。不沾麵包粉，直接油炸。

日本的皮羅什基

酸奶牛肉（Beef Stroganoff）

相傳誕生於十六世紀中葉俄羅斯貴族斯特羅加諾夫家，是一種牛肉加入斯美塔那酸奶油的煸炒料理。Beef 這個字後來演變成法語的 Boeuf（牛肉）。這道菜有許多變化，也會加入洋蔥和香菇當配料。在俄羅斯當地會佐馬鈴薯，淋在義大利麵上享用。

俄羅斯帝國瓦解之後，直到第二次世界大戰前夕，蘇聯與中國密切往來，酸奶牛肉也以「俄式牛柳絲」的菜名出現在中國的飯店及餐廳菜單上，廣爲流傳。一九五〇年代後半傳入香港，不拌義大利麵，直接配飯吃，裡面同樣不加酸奶油。

日本和香港一樣，受到米食文化及咖哩飯的固定吃法影響，酸奶牛肉成爲商品，通常習慣配著白飯或奶油香芹燉飯吃。爲了配合日本人的口味，經常在醬汁裡加入少許醬油提味。

俄羅斯的酸奶牛肉

日本的酸奶牛肉

馬鈴薯沙拉（Olivier Salad）

用水煮馬鈴薯、水煮蛋、小黃瓜等拌上美乃滋做的「馬鈴薯沙拉」，起源有各種說法，其中一則認爲，出自一八六〇年代莫斯科餐廳「艾米塔吉」的比利時籍主廚——盧西安・奧利維爾（Lucien Olivier）首創的「Olivier Salad」。然而，奧利維爾原創的配方被「艾米塔吉」一位俄羅斯籍副廚（sous chef）——伊凡・伊瓦諾夫（Ivan Ivanov）抄襲，略微調降品質之後，將食譜同時賣給多家出版社，因而流傳於全世界。

Olivier Salad 也稱作俄羅斯沙拉（俄國沙拉），以俄羅斯爲首，傳遍東歐爲主的歐洲國家，以及伊朗、巴基斯坦、摩洛哥，以及擁有許多歐洲移民的美國，範圍遍布世界各地，孕育出多種變化。最早俄羅斯人是拌酸奶油吃，但因蘇聯時期提倡使用勞工可負擔的便宜食材，才開始改用美乃滋。一九〇〇年代左右，美乃滋在美國成爲量販製品，從今而後，Olivier Salad——馬鈴薯沙拉便成爲一種容易吃到的食物。

聽說日本「Kewpie 美乃滋」的創始人中島董一郎，一九一五年搭船去美國時吃到了馬鈴薯沙拉，深深著迷於美乃滋的美味與高營養價值，於是在一九一九年創立了 Kewpie 公司。一九二五年，日本國產的美乃滋開始外銷，締造佳績。

現在在俄羅斯當地，Olivier Salad 最熱門的食材是：馬鈴薯、雞胸肉、全熟水煮蛋、小黃瓜、紅蘿蔔、醃黃瓜。以胡椒鹽調味後拌上美乃滋即可食用。也可撒上黑橄欖、火腿、臘腸或蘋果等作妝點。

而日本的馬鈴薯沙拉很少加醃黃瓜，且根據地區的不同，有時會在美乃滋裡加入醬料、醬油，甚至味醂來調味，也有蓋在飯上做成丼飯的吃法。

俄羅斯的 Olivier Salad

日本的馬鈴薯沙拉

日本的俄羅斯料理歷史年表

年代	大事
1739年	元文（一七三六～一七四一）時期，黑船航入下田，江戶幕府初次認知到「露西亞」（俄羅斯）這個國家。
1853年	佩里航入浦賀，隔年一八五四年締結日美友善條約，日本開國。
1855年	日本和俄羅斯帝國簽訂日俄友善條約，建立外交關係（一八五八年簽訂日俄和解通商條約）。
1858年	函館開設俄羅斯領事館。
1861年	聖尼古拉決定來日本傳教，抵達函館，隨後創立日本正教會。
1871年	橫濱開設俄羅斯政府代表部（一八七五年遷到東京，隨後改為大使館）。
1879年	由日本人當主廚的第一家俄羅斯餐廳「五島軒」在函館開幕。
1904年	日俄戰爭爆發，隔年結束，日本與俄羅斯關係惡化。
1914年	第一次世界大戰爆發（～一九一八年）。
1917年	爆發俄國革命，俄羅斯帝國邁向終結。
1922年	成立蘇維埃社會主義共和國聯盟（蘇聯）。
1931年	俄國革命時流亡到日本的菲德・多米崔維奇・摩洛佐夫一家，在神戶創立「神戶摩洛佐夫製菓」。隨後改名為「大都會製菓」（The Cosmopolitan Confectionery），販賣俄羅斯糖果餅乾和巧克力（二〇〇六年歇業）。
1939年	第二次世界大戰爆發（～一九四五年）。
1950年代	部分人士從舊滿洲國撤回日本，在日本各地開設俄羅斯餐廳。 東京等都會地區流行起「歌聲咖啡廳」、「歌聲酒店」。

1991年	蘇聯解體。
2000年代～現在	訪日俄羅斯人增加。由俄羅斯人開的俄羅斯餐廳、酒吧在各地開業。
2012年	S&R食品推出「世界餐桌」系列，開始販賣羅宋湯、酸奶牛肉調理包。

至今仍在營業的日本主要俄羅斯餐廳老店（或有提供俄羅斯料理的店）

○五島軒（北海道・函館）1879年創業

○新宿中村屋（東京・新宿）1901年創業，1927年開始販賣羅宋湯

○薩摩瓦爾（東京・世田谷，2017年從澀谷遷來）1950年創業

○羅戈夫斯基（東京・銀座，2015年從澀谷遷來）1951年創業

○巴拉萊卡（神戶）1951年創業

○松花江（東京・新宿）1957年創業

○哈爾濱（長崎）1959年創業

○坦朵拉（福岡）1960年創業

○薩拉凡（東京・神保町，尼古拉堂附近）1966年創業

○索妮雅（東京・小石川，2002年從上池台遷來）1966年創業

○淺草馬諾斯（東京・淺草）1969年創業

○BONA FESTA（東京・淺草）1969年創業，法國風高級俄羅斯料理

○基輔（京都）1971年創業，「松花江」體系

○恰伊卡（東京・高田馬場）1927年創業

○石之花（東京・新宿歌舞伎町）1973年創業，俄羅斯酒吧

○托洛伊卡（岩手・北上）1973年創業

○薩摩瓦愛爾（靜岡・濱松）1974年創業

○露西亞亭（神奈川・鎌倉）1977年創業

○Stolovaya（東京・淺草）1977年創業，招牌是時雨煮風味的皮羅什基

從新潟開始的義大利肉醬麵

義大利料理

擔任新潟美食節目外景主持人將近十年的柳生直子女士，在一九九九年出版了《新潟是義大利，滿山滿谷好食材》，書中說新潟如同義大利，充滿了山珍海味，從此觀點來描寫當地美食；實際上，新潟真的是義大利肉醬麵的發祥地，還有當地才吃得到的美食特產「義大利炒麵」，由此可知，新潟＝義大利的說法並非誇大其詞。接下來爲您介紹新潟與義大利料理之間的淵源關係。

◎明治時代日本第一家義大利餐廳在新潟開幕

說到日本的西洋料理，馬上就會聯想到橫濱、神戶、長崎等有許多外國人出入、異文化色彩豐富的城市。一八五八年日美和解通商條約簽訂之後，一共有五個地方開港，除了

保留開港當年的側影，新潟歷史博物館 MINATO PIA。

上述三座都市，剩下的就是函館和新潟了。新潟有日本數一數二的大河信濃川與阿賀野川流過，位處日本海物流的要衝，是東京連結外國大陸的最短中繼站，但由於新潟附近本身貿易需求不多，所以不如橫濱和神戶那般繁榮。新潟是日本第一家義大利餐廳的誕生地，完全出於偶然。

至今仍在營業的新潟老店「義大利軒」（現在的「義大利軒飯店」），是一八七四（明治七）年跟隨法國雜技團來日本表演的義大利杜林年輕人——彼得羅・米里歐雷（Pietro Miorele，新潟人暱稱他爲米歐拉）主廚，在一八八一年創立的餐廳。義大利軒也被譽爲日本數一數二的西餐廳老店。

據說米里歐雷當時身受重傷，在日本被團員拋下，爲了回報幫助他的日本人，決定奉獻自己的拿手料理。義大利軒的招牌菜，正是從創業承襲至今的義大利肉醬麵。米里歐雷發明的番茄肉醬模仿家鄉的「波隆那肉醬」，拌在義大利麵裡作爲餐點販售，現在也推出商品調理包。米里歐雷和日本女子結婚，徹底融入日本生活，習以爲常地穿和服長達三十年，於晚年返回義大利故鄉，度過餘生。

現在的義大利軒飯店

義大利的波隆那肉醬多以番茄作爲基底，

加入牛絞肉、洋蔥等多種蔬菜，倒入紅酒燉煮成醬，拌上寬扁義大利麵（廣義的寬麵）來享用，不過義大利軒的義大利肉醬，是搭配寬僅一・七公釐的細麵。現在日本販賣的義大利肉醬麵多半直接把醬淋在上面吃，不會特別均勻攪拌才上菜，這應該是沿襲了老店銀座煉瓦亭或寶塚「AMORE ABELA」的作法。

在新潟，也有廚師在義大利軒學成之後獨立開業。一九二三年開幕的洋食餐廳老店「Pia

米里歐雷的肉醬商品調理包

義大利軒的義大利肉醬麵

軒」的初代主廚就是義大利軒的學徒，菜單上沿用了義大利肉醬麵的名稱。此外，新潟市內也有只賣肉醬的專賣店，如「肉醬佐藤」。

說到這裡，一定要談談新潟當地才有的平民美食，相當有趣的「義大利炒麵」。一九五九年左右，新潟市內的茶點屋「三日月」老闆想出了將加入配料的番茄肉醬淋在炒麵上的吃法，聽說當初是想嘗試「模仿義大利麵，用叉子吃」。這道「義大利炒麵」很早便流傳於新潟一帶，是當地才有的料理。

◎國產通心粉與義大利麵

義大利麵初次傳入日本的地點，是幕末時期橫濱的外國人居住區。接著，據說在一八八三（明治十六）年，長崎的法國籍傳教士馬克・瑪麗・德・羅茨（Marc Marie de Rotz）首次製造了通心粉。

新潟當地小吃義大利炒麵

使用當地特產「越光米穀粉通心粉」做的加茂市「通心粉薯片」

日本國產通心粉第一號，則是一九〇八（明治四十一）年，於新潟市加茂一帶經營製麵工廠的石附吉治，接受橫濱貿易商的委託而製造的。石附父子嘔心瀝血，開發出獨家通心粉製造機，當時以「洞烏龍麵」爲商品名稱販售，據說也曾外銷到美國等地。

一九八〇年代，能大量製造通心粉的機器從義大利進口。「日本製麵」是當時規模最大的製麵公司，國內各大廠商紛紛開始生產通心粉。加茂市的工廠規模雖然因而縮小，目前仍是重要的「國產通心粉製造發祥地」，持續開發各種通心粉特產，並列入觀光資源。

同時，日本的國產義大利麵第一號，是一九二八年由兵庫縣尼崎市的「高橋通心粉」製造的「Volcano」義大利麵，現在交由日本製麻股份有限公司（富山縣礪波市）生產製造。富山的天然水及嚴選小麥粉做的扎實粗麵充滿嚼勁，讓人欲罷不能，例如橫濱名店「Center Grill」（請參考一百二十八頁）就愛用他們家的義大利麵。除此之外，也深受全國餐廳喜愛。

◎日本人創造出自己偏好的義大利料理

不是只有新潟人愛吃義大利麵，說到當今最親近日本人的外國菜，義大利料理當之無愧，其中又以義大利麵和披薩最具代表。猜測和是小麥粉製品有關，美味又便宜，調整烹調程序即可省時簡化，因而成爲餐飲業重要的商品。

一九七〇年代，美國連鎖披薩店「喜客披薩」進軍日本，義大利料理開始普及。一九八〇年代出現「義式美食熱潮」，迅速引發大流行。現在，義大利料理不斷推陳出新，增加了更多強調「塔斯卡尼」、「西西里島」、「皮埃蒙特大區」等義大利地方色彩作

「Volcano」義大利麵

出市場區別的鄉土料理專賣店。前往義大利當學徒的日本人主廚反而少見。身在日本，就能品嚐到不輸給義大利當地的好滋味。

像這樣，有別於「產地直送」的經營路線，打從義大利料理初次引進日本的明治初期以來，日本人創造出符合大眾口味的獨特「義大利風洋食」，其中的代表就是「拿坡里義大利麵」和「鱈魚子義大利麵」，近年也持續開發各種活用日本食材的新式義大利料理。

◎日本原創的義大利料理

用番茄醬翻炒洋蔥、青椒、火腿等配料的拿坡里義大利麵，堪稱日式「義大利風洋食」之中的翹楚。您可能也時有耳聞，有些人前往義大利拿坡里當地，才發現並沒有賣這種義大利麵。沒錯，因爲它是日本的獨創料理。

拿坡里有一種叫「Spaghetti alla napoletana」的醬汁，是用番茄醬加紅蘿蔔、洋蔥、橄欖油、牛至（Origanum vulgare）煮成的。一六九〇年代，義大利主廚安東尼歐‧拉丁尼（Antonio Latini）在拿坡里出版了首次以番茄爲主的料理書，在書中介紹了這道食譜。拉丁尼雖然在書中稱它爲「西班牙風味番茄醬汁」，但現今「正統拿坡里披薩認證協會」的常用稱呼「義式番茄醬（marinara sauce）」顯然較廣爲人知。如同日本的明石燒在當地單純稱作「玉子燒」（日式蛋捲），拿坡里以外的人稱呼這種番茄醬汁時，也習慣叫它「拿坡里風味」醬汁。

番茄是十六世紀從原產地美洲大陸經由西班牙傳入歐洲的蔬果，一開始被認爲是有毒植物，很長一段時間作爲觀賞之用。拿坡里（拿坡里王國）從義大利統一前的十三世紀起，便由西班牙和法國王朝交替統治，因此，番茄很早就傳入西班牙。

用「Spaghetti alla napoletana」醬汁做的義大利直麵叫「Spaghetti alla napoletana」，當時裡面只加蔬菜，是窮苦人家吃的食物。同時，這種醬汁也會加入義大利香腸（Salsiccia）等肉類，伴著麵條吃，後者更接近日本的拿坡里義大利麵。

無論如何，在傳統義大利料理當中，並沒有使用番茄醬或將煮過的直麵拿去炒的烹調方式。歐洲是使用番茄醬汁烹調的主要國家，不難想見，拿坡里＝番茄醬汁的印象在義大利、法國等歐洲國家的廚師之間定型，因而傳遍世界各地。當今最適合用來煮番茄醬汁的「聖馬爾扎諾番茄」，也是一九二六年在拿坡里近郊培育的品種。

話題回到日本的拿坡里義大利麵，據說想出這道料理的人，是戰後由駐日盟軍總司令（GHQ）接管的橫濱新格蘭飯店前廚師長——入江茂忠。只是，他想出的拿坡里義大利麵，十分接近使用番茄醬汁做的「Spaghetti alla napoletana」。現在新格蘭飯店賣的拿坡里義大利麵，也是使用番茄醬汁來烹調。

另一方面，美軍配給的義大利直麵，與義大利當地用堅硬的杜蘭小麥磨成的粗粒小麥粉麵

聖馬爾扎諾番茄

條不同，口感偏軟，而非硬麵。從昭和三十（一九五五）年代起，拿坡里義大利麵在日本全國的咖啡餐飲店引發流行，成為固定菜單，並具備口感柔軟的特徵。

將新格蘭飯店的拿坡里義大利麵調整成庶民口味的創始者，是一九四六年在橫濱創業並營業至今的「Center Grill」初代店長石橋豐吉。他和入江主廚一樣，是新格蘭飯店初代廚師長——對日本的西洋料理貢獻良多的薩利・瓦爾的徒弟，曾於瓦爾擔任老闆兼主廚的新格蘭飯店後台服務，隨後在「Center Grill」廚房工作，承襲了部分菜名，自立門戶開了洋食店。

「Center Grill」的拿坡里義大利麵，使用一九二八年發售的首批國產義大利直麵中的粗麵「Volcano」（請參考一百二十四頁），將麵條煮熟後放置一晚，加入番茄醬、青椒、洋蔥等蔬菜以及背腰肉火腿油炒，再撒上帕瑪森乾酪，和現代日本的拿坡里義大利麵一模一樣。仿效中國炒麵的烹調法符合東洋口味，想必日本人也較容易接受。

和風義大利麵

日本自古深受中華文化影響，麵食從以前就是普遍的大眾飲食，比起披薩和義大利麵更早被接受。因此，在不同於拿坡里義大利麵的方向，誕生出使用日本特有食材做的和風義大利麵。

其中的代表是「鱈魚子義大利麵」。這是一九六〇年代澀谷義大利麵專賣店「壁之穴」想出來的，聽說當初是要回應顧客要求，使用客人帶來的魚子醬做了創意義大利麵，大獲好評，

用「Volcano」義大利直麵烹調，份量滿點的「Center Grill」（橫濱）拿坡里義大利麵。

便開始將較廉價的鱈魚子列入菜單。以明太子取代鱈魚子的作法也時有耳聞。加入魚卵的義大利麵在全世界相當罕見，使用海苔絲和紫蘇等日本特有食材點綴的口味更是其他國家所沒有的，如今在國外知名度逐年提升。

壁之穴澀谷總店的元祖鱈魚子義大利麵

追加情報

從美國開始普及的番茄醬

番茄醬的「Ketchup」，源自十七世紀中國福建省曾有過一種叫「鮭汁」的魚醬，閩南語（福佬話）唸作「Kê-chiap」，兩者發音相近。這種調味料先傳到馬來半島，又被馬來半島的英國統治者帶回本國和美國。現在，Ketchup已等於番茄醬，但在當時，英國是用香菇作為主要生產原料。後來，美國發明了番茄做的Ketchup，起初還添加了鯷魚等多種配方，約莫在十九世紀定型為加了砂糖的甜味番茄醬，並在一八七六年由亨氏食品公司（Heinz）製造成商品，我們現在所熟知的番茄醬就此普及。

在日本，一九〇三（明治三十六）年，橫濱清水屋發售的番茄醬是最早的品牌。遺憾的是，這家公司很快歇業，隨後在一九〇八年，可果美公司創始人蟹江一太郎以番茄醬作為主打商品，成功搶佔市場。但因當初使用的番茄品種始終缺乏改良，吃起來不甜也不順口，一般不會直接食用。不過，番茄加工製品番茄醬與烏醋醬，逐漸成為日本洋食不可或缺的二大醬料。

番茄醬是拿坡里義大利麵的主要醬料，但隨著日本生活水平提升，這種平民式義大利麵曾一時退燒。二〇一三年左右，人們開始懷念這股滋味，坊間開起了新的拿坡里義大利麵專賣店，振興這道料理，並贏得不少人青睞。近年來，國外也開始知道這種義大利麵了，介紹時名稱常寫成「Naporitan」，裡面雖有拿坡里（Napoli），但猛一看不會聯想到義大利。由此可證明，這種義大利麵已逐漸定型為日本的原創料理。

◎日本的披薩變遷

人類在新石器時代就有類似的食物，但據說現代的披薩是十九世紀初在拿坡里誕生的。如今，在義大利的任何地方都能吃到披薩，只是有地域上的不同，例如南部地區的麵皮比較厚，北部地區的麵皮比較薄等特色差異。無論哪一種，都是源自南部拿坡里和西西里的食物。附帶一提，在日本若寫成「ピッツァ」，多指義式披薩；寫成「ピザ」，多指美式披薩，大致上有這樣的區別傾向。

聽說第一個將披薩帶進日本的人，是義大利海軍東洋艦隊旗艦的廚師長，來自西西里島的安東尼奧・坎切米（Antonio Cancemi）。第二次世界大戰期間的一九四四年，坎切米搭的船艦偶然故障，停進神戶港。這段時期，在日本的外國人逐漸將披薩列爲正式義大利餐。坎切米因爲屬於同盟國陣營，暫時被送進兵庫縣姬路市的戰俘收容所，戰爭結束後放棄返鄉，就此定居日本，在東京的青山開了餐廳「安東尼奧」，至今仍在營業。不僅如此，與安東尼奧一起娶了日本姊妹、結爲連襟的阿貝拉・奧拉齊（Abela Orazi），也於一九四六年在兵庫縣寶塚市開了餐廳「阿貝拉」（後來的「AMORE ABELA」），開幕期間便將披薩列入菜單。

此外，聽說方形披薩也源自義大利。義大利海軍的潛水艇採用了西西里地區的方形烤披薩「Sfincione」，聽說橫濱本牧「義大利花園」和六本木「西西里」等義大利餐廳老店主廚，曾跟隨潛水艇的廚師學習披薩作法，現在也持續供應這種方形披薩。除此之外，需要大量備餐的buffet餐廳，也會將大塊的方形披薩切片提供自助。

只是，率先在日本普及的是厚餅皮且撒滿料的美式披薩。在作家羅伯特・惠廷（Robert Whiting）筆下的報導文學《東京underworld》當中，描述主角尼可拉・薩佩提這位義大利裔的美國人，在戰後支配了號稱「東京黑手黨老大」的夜間六本木，並在一九五四年開了披薩屋「尼可拉斯」，成為先驅。從美國進口的冷凍披薩逐漸普及，隨著美國連鎖披薩店「喜客披薩」進駐日本，披薩變得廣為人知。日本也想出不少獨創的披薩商品，如「披薩吐司」、「披薩派」和「披薩包子」等。

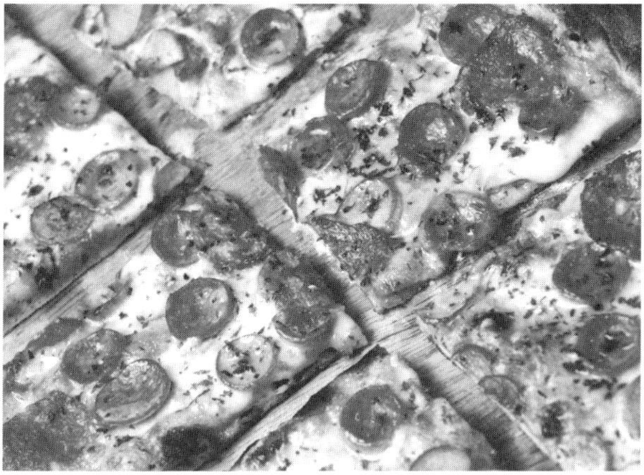
方形披薩

一九八〇年代，泡沫經濟擴大了外食產業，日本迎來空前絕後的「義大利美食熱潮」。一九九〇～二〇〇〇年代，使用跟拿坡里訂做的窯做的「窯烤披薩」引發流行，前往拿坡里當地學習的日本廚師也增加了，道地的義式披薩終於接近日本大眾。

追加情報

義大利的和食風潮

二〇一五年，義大利米蘭舉辦了米蘭國際博覽會（米蘭萬博），以此為契機，一股空前絕後的和食風潮席捲了義大利。主題為「潤養大地，澤給蒼生」的米蘭萬博在接近尾聲時，日本館因為大量介紹日本飲食，竟出現讓義大利本地人排隊十小時的盛況。

我幸運能夠在人少的開幕期前往日本館見習，親自觀察義大利人的反應。日本館當年的主題是日本人的「共存多樣性」，館內介紹了以「自然共生」為基礎而推行的各項農林水產業。以米飯為主食，善用鮮味與發酵技術，多樣化地享受水產蔬果等「食物」，虛心向睿智的大自然學習，並將高度發展的傳統工藝技術、職人技能運用在餐具、烹調器具和飲食空間，孕育出日本豐饒的「飲食文化」。館內利用高科技，美麗地展示了這些主題。

義大利也是從小王國結合了豐富、多樣的風土而成的國家，從中孕育出飲食文化。他們和日本一樣，是格外注重養生的長壽國，想必對於日本飲食產生了極大的共鳴。

現在，義大利有販賣納豆（不過是無臭製品），以及用乾燥蒟蒻絲做的「ZENPASTA」，這是一種不加小麥粉的健康麵食，極受歡迎。「ZENPASTA」甚至被當作減肥食品，紅回日本。

簡便的乾燥麵食「ZENPASTA」

米蘭萬博日本館的外觀

日本館展場

日本的義大利料理歷史年表

年代	大事
1866年	簽訂日義和解通商條約。
1881年	義大利人主廚彼得羅・米里歐雷在新潟開了日本史上第一家義大利餐廳義大利軒，將義大利肉醬麵介紹給日本。
1908年	新潟縣加茂市製造了日本最早的通心粉。
1928年	日本第一家國產義大利麵品牌「Volcano」，由兵庫縣尼崎市的「高橋通心粉」製造販售。
1940年	簽訂德義日三國同盟。
1946年	一九四四年義大利餐廳安東尼奧在東京開業，創始者的連襟——來自西西里島的阿貝拉・奧拉齊在兵庫縣寶塚市開了義大利餐廳「AMORE ABELA」，供應當時非常少見的義式披薩。
1954年	義大利裔美籍企業家尼可拉・薩佩提在東京飯倉片町開了日本第一家披薩屋「尼可拉斯」，大受歡迎。
1950年代	邁入經濟高度成長期，咖啡餐飲店大流行。原型誕生自橫濱新格蘭飯店廚房的「拿坡里義大利麵」，成為全國咖啡餐飲店的常見菜單。
1960年	日本人開的正統義大利餐廳「康帝」在東京飯倉片町開幕。種類豐富的前菜和甜點放在餐車裡，邊聆聽說明邊取用的嶄新飲食型態，深受時下年輕人歡迎。
1960年代	澀谷義大利麵專賣店壁之穴想出日本原創的「鱈魚子義大利麵」。
1970年代	日本獨創的「披薩吐司」、「披薩派」常見於咖啡餐飲店的菜單上。
1980～90年代	泡沫經濟擴大了外食產業，引發義大利美食熱潮。

1985年	外送披薩 「達美樂披薩」 日本1號店在東京惠比壽開幕。
2000年代	從義大利歸國的日本人主廚經營的餐廳大受歡迎。使用日本食材做的「東京義大利」類型料理誕生。道地的窯烤「拿坡里披薩」引發潮流。
2000年～現在	義大利餐廳暴增，為了作出市場區別，開始出現以義大利不同地區為主打的鄉土料理專賣店。
2013年～	拿坡里義大利麵重新被看見，再次引發潮流。

至今仍在營業的日本主要義大利餐廳老店

◯義大利軒（新潟）1881年創業
◯安東尼奧（東京・南青山）1944年創業
◯阿貝拉（兵庫・寶塚）1946年創業，「AMORE ABELA」的前身
◯DONNALOIA（神戶）1952年創業
◯Italy軒（東京・銀座）1953年創業
◯壁之穴（東京・澀谷）1953年創業，日本第一家義大利麵專賣店。遷自中央區。有分店
◯西西里（東京・六本木）1954年創業，在銀座有分店
◯尼可拉斯（東京・六本木）1954年創業，美式披薩屋。有分店
◯康帝（東京・飯倉片町）1960年創業，在西麻布等地有分店
◯皮諾丘（神戶）1962年創業
◯Monarizan（神奈川・川崎）1964年創業

戰俘傳給日本人的職人技術

德國料理

◎將近五千名來到日本的德國戰俘

現代日本人最容易聯想到的德國料理，不外乎「德國香腸」。一九一四年，第一次世界大戰及日德戰爭（青島戰役）爆發，德國香腸的正統作法因而傳入日本。這場戰爭圍繞著德國租界地中國青島，日本（日英聯軍）大獲全勝，隨後將約莫四千七百名德國及奧匈帝國的戰俘送到日本收容所，當中有香腸、火腿、啤酒、紅酒等各行各業的師傅，將這些技術傳給日本人。

當時，日本國內設置了十二間德國兵收容所，後來統整為六間，分別為：習志野（千葉）、板東（德島）、名古屋（愛知）、久留米（福岡）、青野原（兵庫）、似島（廣島），俘虜們在這些地方生活到一九二〇年為止。

日本遵守國際法，禮遇這些俘虜，認可他們在收容所內自由生活。因此，他們不只傳授了食品製造技術，還舉辦交響樂團、舞台劇和運動會等活動。第一次世界大戰時，日本沒有淪為戰場，擁有和平的生活環境，德國俘虜和日本當地居民彼此交流，聽說板東人甚至暱稱他們為「德國先生」。俘虜們也相當敬愛同情他們立場的善良所長松江豐壽，所以儘管還在戰爭期間，彼此又屬敵方陣營，卻維持著相當友好的關係。

◎習志野（千葉）藉由德國香腸活絡小鎮

在戰爭期，德國戰俘收容所寧靜祥和，許多鄉鎮保存了德國人留下的物品作爲歷史文物。其中以千葉縣習志野最具代表，收容所成爲習志野工商會議所，由前德國香腸職人卡爾・揚（Karl Jahn）爲首的五人，在所內製造香腸。日本農商務省人員承襲了香腸的作法，以「習志野香腸」爲名稱販售。

一九一七年，千葉縣千葉郡新設了農商務省畜產試驗場，當中的技術人員飯田吉英爲提升日本國民的營養情形，將目光放在香腸上。飯田得知習志野收容所內的德國兵在製造香腸，向他們請教技術。起初，揚等人相當猶豫該不該隨意傳授經由德國國家認證的祕傳技術，但因收容所的西鄉所長拿出誠意而被說服，傾囊相授並留下佳話。這裡傳

飯田吉英（右一）與卡爾・揚（右二）

承的香腸技術，經由農商務省傳達給日本全國的肉食加工業者。

現在，習志野市號稱「日本香腸製法傳承之地」，不僅販賣德國香腸，每年十月還會舉行「習志野德國節」，吸引人潮，活絡小鎮。

習志野香腸使用百分之百的豬肉製造，無添加色素及任何香料，因爲採德式作法，鹽分較重，是承襲法蘭克福香腸使用豬腸做的高品質香腸。習志野市內的超市和食材店均有販售冷凍製品，烹調法爲「煮熟之後，用平底鍋煎到表面焦香」。

習志野香腸

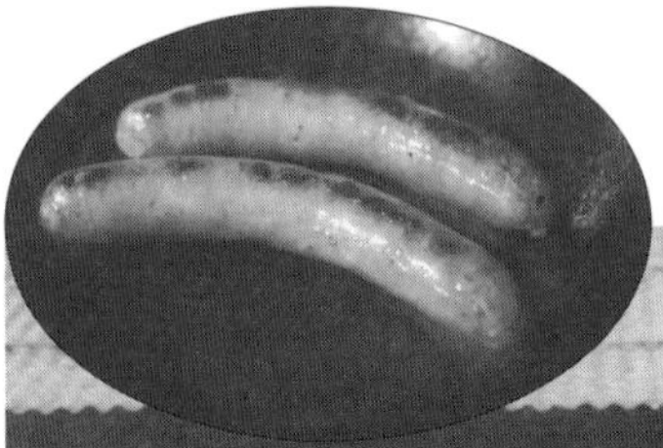

揚等人在習志野時使用的屠宰小屋
照片提供：習志野市教育委員會

追加情報

習志野的德國戰俘交響樂團

習志野戰俘收容所的所長，是死於西南戰爭的西鄉隆盛之子，曾於德國士官學校留學的西鄉寅太郎大佐。他和板東收容所的松江所長一樣，相當體恤德國人，同情俘虜的遭遇，給予溫暖接待，因而受到衆人景仰。

收容所内組成交響樂團，演奏貝多芬和莫札特的曲子。遺址位於京成本線實籾站附近的東習志野，現已改造為公園及平價住宅區，立起「德國戰俘交響樂團紀念碑」緬懷歷史。

西鄉寅太郎

德國戰俘交響樂團紀念碑

◎前德國戰俘在日本創立食品製造公司

一九二〇年簽訂了第一次世界大戰的和平條約《凡爾賽條約》，德國俘虜獲釋，部分人士決定留在日本，開了食品製造公司和餐廳。這是由於戰爭期間，德國基爾港發生水兵起義，接著爆發革命，德國皇帝威廉二世退位，國家發生政變，宣布要成立共和國，有些德國人因此猶豫該不該返鄉，最後乾脆留在日本，與日本女性結為連理，活用德國技術製造香腸、火腿和美乃滋等，販賣為生。

例如奧古斯特・羅美爾（August Lohmeyer），曾於故鄉德國肉品加工廠通過實習，後成為久留米俘虜收容所的廚房負責人，獲釋之後就任東京帝國飯店，生產的火腿和香腸受到讚賞，便在東京大崎成立「合資公司羅美爾香腸製造所」，自立門戶。近年家族雖然不再管理公司，但品牌名稱維持著「LOHMEYER」，現在也經手火腿、香腸的製造販售以及德國餐廳的經營等。羅美爾還有一項重要貢獻，即在一九二一年發明了背腰肉火腿。

出自習志野戰俘收容所的卡爾・布琴格哈斯（Karl Büttinghaus）在目黑蓋了香腸工廠與店鋪，生意興隆。後來搬到神戶卻遇到了神戶空襲，沒能重建，但其中一名弟子在神戶市三宮以師傅「布琴格哈斯」之名開了香腸店，持續營業到近年。遺憾的是，這家店也在阪神淡路大地震（一九五五）時燒毀歇業。不過，神奈川縣茅崎市的「火腿工坊次郎」和兵庫縣明石市的「土井火腿」等店鋪，都是繼承布琴格哈斯技術的弟子所開，目前仍在各地持續營業。

同樣出自習志野收容所的卡爾・凱特（Karl Ketel）在銀座開了德國料理店「KETEL」，販賣德國火腿、香腸及蛋糕。二〇〇四年，因爲大樓拆除，不得已結束營業。京都的「INODA COFFEE」僅繼承了蛋糕配方，持續販售。

來自習志野收容所的約瑟夫・馮・荷登（Josef van Houten）與來自似島收容所的赫曼・沃爾史克（Hermann Wolschke），被橫濱港外國船的糧食供應業者創立的「明治屋」雇用，開始製造火腿和香腸。

此外，卡爾・約瑟夫・威廉・尤海姆（Karl Joseph Wilhelm Juchheim）在似島收容所時，將德國的年輪蛋糕初次介紹給日本。起初他在橫濱開了德國蛋糕店「E.Juchheim」（後來的「Juchheim」），店面毀於關東大地震（一九二三），後來才遷至神戶。尤海姆曾以甜點師傅的身分待過德國租界地中國青島，在日本軍向德國宣戰後受到攻擊，成爲俘虜，儘管不是士兵，卻被送進日本的收容所，可說命運多舛。然而，以年輪蛋糕爲首，尤海姆引進日本的德國糕點大獲好評，事業一飛沖天，至今仍是知名品牌。待過神戶和名古屋收容所的海因里希・弗羅多利夫（Heinrich Freundlieb）則開了德國麵包兼蛋糕店「FREUNDLIEB」，現在是神戶知名麵包咖啡廳並持續營業。

◎國產香腸、火腿的變遷

日本人第一次看見香腸，是在比德國戰俘時代更早的一九一〇（明治四十三）年，德國廚師馬丁・赫茲（Martin Heaz）在橫濱開的香腸火腿店。然而，赫茲的店外國顧客比較多。當時，同樣開在橫濱的肉包店「江戸清」，有一位肉食加工學徒叫大木市藏，是赫茲的顧客，決意向赫茲拜師學藝，一九二四年在銀座開了香腸火腿專賣店，成爲第一位販賣香腸的日本人。大木被尊稱爲「日本香腸之父」，竭盡所能在各地指導後進，爲日本香腸火腿的普及貢獻心力。

然而，相較於火腿在明治時代廣爲大眾所知，香腸對日本人來說較爲陌生，甚至覺得噁心，所以花了更多時間才被接受。

日本人最先習慣的香腸，是第二次世界大戰結束後，學校營養午餐供應的廉價「魚肉香腸」。這是由於日本自古便有使用魚漿做成魚板、魚糕的習慣，魚肉做的香腸接受度較高。泰國和東南亞也有類似的魚漿製品，但歐洲人恐怕吃不慣。

肉類做的香腸要到昭和三十（一九五五）年代以後，才真正融入日本人的飲食生活。將外皮染色的日本原創紅熱狗香腸上市之後，日本開始流行在便當內放入油煎的「章魚造型香腸」作爲配菜。熱狗香腸的「wiener」原指奧地利首都維也納生產的香腸；類似的

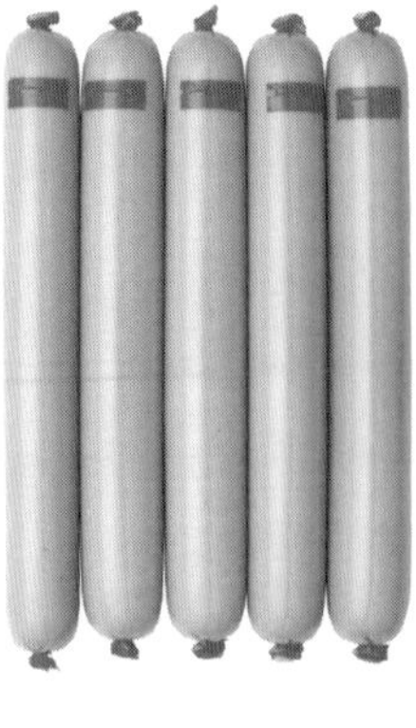

還有法蘭克福香腸（原指德國法蘭克福當地的香腸）、波隆那香腸（原指義大利波隆那當地的香腸）等，隨著各種香腸琳瑯滿目地上市，日本JAS規格採下列方法來定義香腸的種類：

維也納：使用羊腸製成，直徑未達二十公釐

法蘭克福：使用豬腸製成，直徑介於二十～三十六公釐

波隆那：使用牛腸製成，直徑超過三十六公釐

不過，這也只是日本制定的規格，不完全符合當地情形。此外，和歐洲相比，日本的火腿鹽分較少。德國當地的火腿香腸審核，基準相當嚴格，還要細分爲「脂肪的多寡」、「肉的風味」、「嚼勁」、「酥脆感」等多種檢驗項目。過去日本的產品無論在肉質或製法上都差強人意，但水準逐年提升，如今已在競評會中獲得優良評鑑。

同時，火腿的正統作法也在第一次世界大戰期間，經由德軍俘虜連同香腸一起傳入日本。除了「LOHMEYER」獨創的背腰肉火腿之外，將各種畜牧肉片固定在一起做成的平價「壓製火腿」也是日本原創。無論香腸還是火腿，日本主要都是用豬肉製造。廉價製品則會混入兔肉等其他肉類，以及大豆蛋白質、雞蛋蛋白質等常見肉類替代品。

◎從生絞肉料理演變而來的漢堡排

「漢堡排」的語源來自德國北部的港鎮漢堡，據說是德國的漢堡與俄羅斯的聖彼得堡跨越數世紀的航路交流之中，誕生於德國的料理。

有一道料理叫「韃靼肉排」（Steak tartare），是將生馬肉剁碎，用鹽和胡椒調味之後，加入洋蔥、大蒜等香辛料，放上生蛋黃食用的肉類料理。這是本爲遊牧民族的中亞蒙古韃靼人在遠征的時候，宰殺年老無法工作的馬匹，將堅硬的肉剁碎以方便食用，因此演變而來的料理。在歐洲通常不用馬肉，而用牛肉取代。

德國從十七世紀末，各地皆流傳著名稱不同的肉丸料理。漢堡周邊地域稱其爲「Frikadelle」；對比之下形狀較大且扁平的則叫「Hamburg Steak」，我們熟悉的「漢堡排」就是經此演變而來。作法是將牛肉捏成橢圓形的肉團，可加入豬

俄羅斯的韃靼肉排

肉、水、雞蛋和放久的麵包加強黏度並增添風味，接著以鹽巴、胡椒、肉豆蔻粉等香辛料調味，徹底揉捏。定義上，總質量必須超過八成是肉才叫漢堡排。Hamburg Steak 被視爲高級古典料理，收錄進埃斯科菲耶（請參考七十二頁）寫的食譜當中。

Hamburg Steak 經由移民傳入美國，例如用圓麵包連同蔬菜、芥末醬等配料夾在一起吃的漢堡，就是受到德國肉排影響誕生的美式料理。

在日本，漢堡排屬於西洋料理，在一九〇五（明治三十八）年出版的《歐美料理法全書》中，首次以「漢堡排」之名亮相。大正時代以後，漢堡排成爲街頭洋食店的固定菜單，和炸豬排飯一樣發展成套餐，或是鐵板燒烤料理，迅速普及，一九六〇年代成爲家常菜，混合各種肉類做的廉價冷凍「MARUSHIN 漢堡排」深受民衆喜愛。

Hamburg Steak

追加情報

慕尼黑的啤酒節[11]

在德國南部巴伐利亞州的州都慕尼黑，每年九月中旬到十月上旬，會舉辦全球最大的啤酒慶典「慕尼黑啤酒節（Oktoberfest）」，我曾有幸參加。

慕尼黑的啤酒釀酒廠布置成會場，許多情侶身穿巴伐利亞的傳統服飾來參加，歌聲嘹亮地響徹會場。啤酒節同時也是當年的豐收祭，場外有馬車載著啤酒木桶繞街遊行。巨大的啤酒杯裡倒滿啤酒，會場販賣著絕佳的下酒菜「wurst」（德語的香腸），而巴伐利亞名產「Weißwurst」（較粗的白香腸）更是萬萬不能少，吃法類似日本香腸，不採燒烤，而是直接煮熟吃。

近年日本各地也會舉辦德國啤酒節，但不限十月舉行，且規模和人數完全無法和德國當地相提並論。拜「日本德國啤酒節」所賜，「德國沒有德國

慕尼黑啤酒節會場正門。身穿巴伐利亞傳統服飾的民眾一個個現身參加。

馬鈴薯（German potato）」的正確觀念得以宣揚，令人欣慰。

11：又稱為十月節。

每座啤酒釀酒廠的馬車都載滿了啤酒桶

慕尼黑啤酒節的會場周邊，隨處販賣著各式各樣的香腸作為下酒菜。

日本的德國料理歷史年表

年代	大事
1861年	日本與普魯士簽訂和解通商條約。
1865年	札幌啤酒的創始人，釀酒師中川清兵衛前往德國學習釀造技術。
1871～1873年	日本派遣岩倉使節團前往歐美，謁見德國首相俾斯麥。
1870年代	向德國學習軍事、法律、醫學，作為近代國家的範本。
1876年	札幌麥酒釀造所（之後的札幌啤酒）開業，成為第一間日本人蓋的Brewery（啤酒廠）。
1887年	德裔俄國人雅各・威爾特（Jacob Welte）在橫濱販賣香腸給外國人。
1897年	日本第一家啤酒屋「朝日軒」在大阪開幕。
1909年	德國人葡萄酒釀酒師海因里希・哈姆（Heinrich Hamm）來到日本，在登美農園（現在的三得利登美之丘葡萄酒莊）進行技術指導。
1910年	德國廚師馬丁・赫茲（Martin Heaz）在橫濱開了德式火腿、香腸店。「日本香腸之父」大木市藏拜師學藝。
1914年	第一次世界大戰爆發（～一九一八年）。
1915～1920年	千葉縣的習志野、德島縣的鳴門（舊板野郡板東町）等全國各地的俘虜收容所約收容了四千七百名德國兵。俘虜們在收容所內舉辦交響樂團演奏會，釀造啤酒和葡萄酒，製造麵包、香腸等。
1919年	以名古屋戰俘收容所德國兵指導為契機，「敷島製麵包」在名古屋開幕。

1921年	原俘虜奧古斯特・羅美爾（August Lohmeyer）開始在東京都品川區大崎製造火腿和香腸，隨後發明了背腰肉火腿。
1922年	原俘虜卡爾・尤海姆（Karl Juchheim）在橫濱開設德國甜點屋「E. Juchheim」，為日本最早販售的年輪蛋糕。隔年遇到關東大地震，遷到神戶開張新店「Juchheim」。
1924年	原俘虜海因里希・弗羅多利夫（Heinrich Freundlieb）在神戶開設西點麵包店（後來的「FREUNDLIEB」）。大木市藏在銀座開設日本第一間火腿、香腸專賣店。
1925年	德國餐廳兼背腰肉火腿直賣店「LOHMEYER」在東京銀座開幕。
1939年	第二次世界大戰爆發（～一九四五年）。
1930年	原習志野收容所俘虜卡爾・凱特（Helmut Ketel）在東京銀座開設德國餐廳「KETEL」（二〇〇四年歇業）。
1940年	成立德義日三國同盟。
1948年	德國分裂為東德與西德。
1977年	大阪舉行日本第一屆正式的慕尼黑啤酒節。
1990年	東西德統一。
2011年	慶祝日德交流滿一五〇週年暨德國統一紀念日，德國大使館主辦的第一屆德國節於東京青山開幕。

至今仍在營業的日本主要德國餐廳老店

○Juchheim總店（神戶）1922年創業

○FREUNDLIEB總店（神戶）1924年創業

○LOHMEYER（東京・銀座）1925年創業

○德國軒（德島・鳴門）1937年創業。曾於板東俘虜收容所學習德國麵包作法的藤田只之助之弟子，因理念不合，分家創業。

○SEA CASTLE（神奈川・鎌倉）1957年創業

○Alte Liebe（橫濱）1965年創業。現在除了德國料理，也提供奧地利和法國料理。餐廳有現場演奏。

日本德國料理店的典型餐點

能輕鬆品嚐的「洋食」

美國料理

◎傳入美國海軍小鎮——佐世保與橫須賀的漢堡

二大舊日本海軍根據地：長崎縣的佐世保與神奈川縣的橫須賀，在戰後設置了美國海軍基地，開設了給軍人吃的美國料理店，其中的代表就是能輕鬆品嚐的漢堡。

一九五〇年，美國海軍相關人士首次將作法傳入佐世保。當時，日本第一個漢堡被稱作「佐世保漢堡」，規則尚未確立，僅主打「手工現作」，在二〇〇〇年代之後乘著地方小吃熱潮傳到日本各地。除了鐵板煎的漢堡排，當中還夾了培根、荷包蛋、起司和蔬菜等滿滿的配料。

從石岳瞭望台看見的佐世保市街

佐世保漢堡導覽

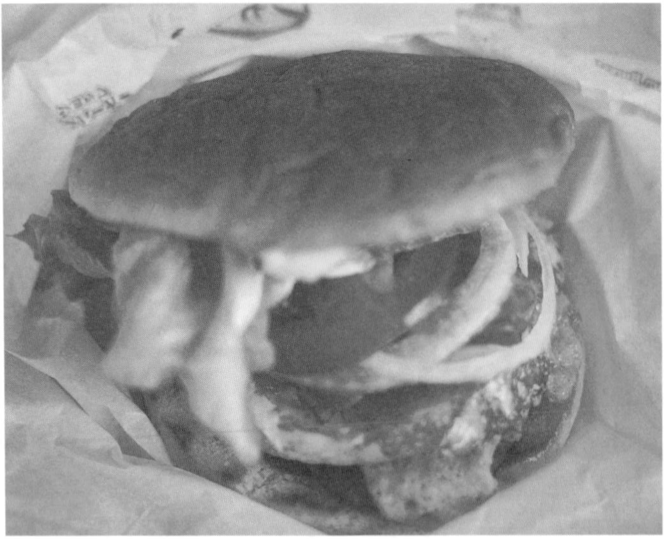

一九五一年創業的佐世保漢堡店「Hikari」賣的特製漢堡

◎橫須賀的「橫須賀海軍漢堡」店

另一方面，在橫須賀利用日本海軍的烹調法製造販賣「橫須賀咖哩」滿十週年的二〇〇八年，當地開始推出「橫須賀海軍漢堡（YOKOSUKA NAVY BURGER）」。這是使用美國海軍橫須賀基地向橫須賀市表示友好，提供的傳統海軍漢堡食譜做成的商品。爲了不破壞牛肉本身的美味，這種漢堡做得較爲樸實，可依照個人喜好加入洋蔥和番茄，或者淋上番茄醬和芥末醬吃。

橫須賀的中心區域通稱「水溝板街[12]」，二戰以後，沿街開了許多賣給進駐軍及駐日美軍橫須賀基地士兵的禮品店、酒吧和餐飲店，因而繁榮。水溝板街附近一帶，現在集中

橫須賀海軍漢堡店「TSUNAMI」

12：二戰前街上原有大水溝妨礙通行，美國海軍提供鐵板蓋在水溝上，故得此名。現在已填平水溝，撤走鐵板。

開了許多橫須賀海軍咖哩和橫須賀海軍漢堡店。當中特別引人注目的，是一家名叫「TSUNAMI」的美式餐廳（提供美式料理，可放鬆用餐）。這裡的漢堡口味繁多，菜單上用美國總統的名字爲漢堡命名，如：喬治・華盛頓、隆納・雷根、巴拉克・歐巴馬、唐納・川普等。除了肉排，當中也夾了荷包蛋、培根、起司等豐富配料。其中還有一種叫「第七艦隊」的巨大漢堡，重達一・八公斤，在菜單上屬於四、五人份的餐點，深受歡迎。

此外，開在駐日美國海軍屯駐地正門前的「HONEY BEE」，是一九六八年創業的老鋪漢堡店，這裡提供了正統派的海軍漢堡。橫須賀市也印製了網羅十四家橫須賀海軍漢堡的店鋪導覽地圖。

橫須賀海軍漢堡導覽地圖

◎美國漢堡的變遷

足以代表美國食物的漢堡，原是十九世紀德國移民傳入美國才誕生的料理。

關於漢堡的由來目前沒有定論，說法不一。最常聽見的版本是起源自移民搭船前往美洲大陸時，在途中吃的德國北部鄉村料理「盧德斯杜克瓦姆」，這是一種將烤牛肉滴下來的肉汁淋在麵包上吃的料理。此外，也有一說指出最初的發明者是一九〇〇年住在康乃狄克州紐哈芬的丹麥人路易・拉森（Louis Lassen）。其他還有一八八五年紐約州布法羅附近的「漢堡村」舉辦慶典時首次販售等說法。

第一次世界大戰加深了美國對敵國德國的反感，曾用英裔美籍醫師——詹姆士・亨利・索爾斯伯利（Dr.James Henry Salisbury）發明的「索爾斯伯利牛排」來代稱同樣使用了漢堡肉的漢堡，兩者混用一段時期。一九二一年，第一家連鎖漢堡店「白城堡」在堪薩斯州開幕。接著來到一九四〇年，連鎖速食店「麥當勞」在加州創業，漢堡從此

照燒漢堡

紅遍全美及全世界。

◎紅遍世界各地的日本獨創照燒漢堡

漢堡在日本普及化的過程中，誕生出日本才有的型態。

一九七一年，日本第一家麥當勞在東京銀座開幕；隔年，日本原創連鎖漢堡店摩斯漢堡接著開幕，並且開發出符合日本人口味的「照燒漢堡」。創始人櫻田慧在美國吃到醬燒風味的漢堡，從中獲得靈感，因而誕生這項產品。摩斯漢堡表示，爲了配合日本人的味覺，照燒醬裡少量添加了和肉醬及圓麵包似乎很搭的味噌，但可能給人醬燒魚的印

米漢堡

象，起初賣得並不好。不過，藉由當時的女高中生口耳相傳，口碑延燒，遂成熱門商品。現在無論是麥當勞還是日本國內其他連鎖漢堡店，都有這類日式漢堡，甚至紅遍美國爲主的國外地區，以「武士漢堡」、「將軍漢堡」等名稱受到歐美人士喜愛。

摩斯漢堡於一九八七年推出將米飯做成烤飯糰的風味，壓成麵包狀，夾入日本食材的「米漢堡」，以及各式各樣屬於日本風味的漢堡商品。這些漢堡也穩定外銷到米食文化圈的亞洲國家。

◎在大阪萬博熱賣的炸熱狗

另一種與漢堡一起傳入日本並且普及化的美國料理，就是熱狗和炸熱狗。炸熱狗是在大熱狗外面裹上厚厚的玉米粉油炸的美式玉米粉熱狗，於日本誕生的混合料理。

玉米粉熱狗出現在一九二〇到一九四〇年代，來源眾說紛紜，有一說是移居德州的香腸師傅德國

©Tasy Hong 玉米粉熱狗

移民想出來的。無論在美國或是日本，都能在節慶攤販或速食店裡看到這種親切的小吃。玉米粉熱狗演變自一般熱狗，通常會淋番茄醬和芥末醬吃，偶爾也會用起司捲起熱狗和配料，裹粉油炸。

日本的炸熱狗使用小麥粉和魚肉香腸（也有肉類的）。比較特別的是，北海道東部稱它爲「法國熱狗」，原因不得而知，且以砂糖取代番茄醬和芥末醬。關於炸熱狗的由來還有一個說法，那就是一九七〇年大阪舉辦萬國博覽會時，在美國館的定點店鋪裡，炸熱狗和肯德基炸雞一同登場，引發熱潮。

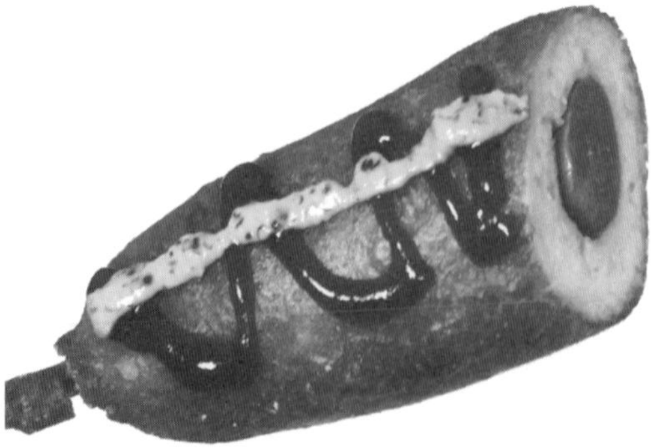

炸熱狗

追加情報

第二次世界大戰後快速普及的美國料理

佩里黑船來到日本（一八五三）之後，美國是率先與日本簽訂和解通商條約的國家。二戰以後，日本人首次接觸到漢堡、美式披薩等能輕鬆享用的美式平民飲食。橫須賀、佐世保和沖繩等設置美軍基地的地方，開了賣給美國軍人吃的餐飲店，美國料理也因而在日本傳開。

戰後，美國基於國家政策，必須將本國的農產品外銷到日本，因而協助日本推廣肉類、乳製品和麵包等歐美食品（請參考一七〇頁【美國的「小麥戰略」】）。換言之，美國在戰後擴大的日本「洋食」文化之中，扮演了相當重要的角色。

美式風格的披薩

日本的美國料理歷史年表

年代	大事
1853年	佩里黑船來航。
1854年	簽訂日美友好條約。
1858年	簽訂日美和解通商條約。
1934年	美國職棒大聯盟強打者貝比・魯斯（George Herman "Babe" Ruth）訪日，在日美親善棒球交流會上，住在神戶的德國香腸職人赫曼・沃爾史克販賣了日本史上最早的熱狗（比賽會場甲子園球場，現仍販賣這種元祖「赫曼熱狗」）。
1939年	第二次世界大戰爆發（～一九四五年）。
1945年	日本戰敗，被聯合國軍占領（～一九五二年）。
1946年	橫濱新格蘭飯店初代廚師長薩利・瓦爾的徒弟石橋豐吉，在橫濱開設美國風洋食館「Center Grill」。
1951年	「漢堡店Hikari」在佐世保開幕，為佐世保漢堡先驅。
1964年	洛基・青木[13]承襲雙親在昭和十二（一九三七）年開於日本橋的西餐廳「紅花」，又在紐約開了鐵板燒連鎖店「BENIHANA OF TOKYO」，大獲成功。
1968年	美式餐廳「HONEY BEE」在橫須賀開幕。
1970年	佐世保的「Big Man」販賣日本最早的培根蛋漢堡。 日本萬國博覽會（大阪萬博）美國館，肯德基炸雞初次定點展店。
1971年	麥當勞1號店在銀座開幕。
1972年	摩斯漢堡開業。
1973年	摩斯漢堡開發販售「照燒漢堡」。

13：Rocky Aoki，青木廣彰，日裔美籍企業家。女兒為名模戴文・青木，兒子為DJ史蒂夫・青木。

4

麵包和拉麵也是日本的飲食文化

「麵包」成為日本人的第二主食

◎原德國俘虜創造的神戶麵包

二〇一七年，日本一個家庭的麵包消費量及消費金額前幾名的城市爲：京都市、神戶市、岡山市、大阪市、堺市。其中也包含了橫濱、長崎、函館等開港五大都市。外國人士長年居住的神戶，可說是麵包愛好者的起源之都。談到麵包之都神戶，一定要介紹一九二四年創業的麵包咖啡廳「FREUNDLIEB」。創業者海因里希・弗羅多利夫是在一九一四年第一次世界大戰爆發時，因爲日德戰爭，被送進日本收容所的原德國戰俘。

「FREUNDLIEB」神戶店

戰爭結束後，獲得釋放的俘虜當中，有人選擇繼續留在日本，日後甚至成立了食品製造公司。弗羅多利夫在德國時，本來就是麵包師傅，離開名古屋收容所後，就任名古屋「敷島製麵包」（現在的PASCO）的初代技術指導長。他接著獨立創業，在神戶開店。需要等待時間自然發酵的紅磚窯，烤出的德國麵包噴香富嚼勁，如今受到眾多顧客喜愛。目前，「FREUNDLIEB」將一九二九年建造的舊聯合教會改裝成店面，發展爲販賣德國麵包糕點的複合式咖啡廳。以神戶市內的「弗羅因堂」爲代表，一些日本人曾在弗羅多利夫的店裡當學徒，後來自立門戶開了德國麵包店。弗羅多利夫的德國麵包與知名法國麵包店「東客麵包DONQ」（一九〇五年創業）、「Isuzu Bakery」（一九四六年創業），一同將神戶提升爲高水準的麵包之都。

此外，神戶還有一間初次將年輪蛋糕介紹給日本人的「Juchheim」，也是由原德國俘虜成立的品牌。

「敷島製麵包」由弗羅多利夫擔任初代技術指導長，從德國麵包發跡，日後發展爲日本白吐司的頂尖品牌。

「FREUNDLIEB」的德國香腸麵包

◎日本的麵包飲食變遷

將小麥等穀物磨成粉，和水揉成麵團烤的麵包，可排入世界上最古老的食物。事實上，日本如今正面臨麵包過度取代米飯，導致米滯銷的問題。但日本身處以飯食爲主的稻作文化圈，在某個時代以前，是不流行吃麵包的。麵包初次傳到日本，始於一五四三年葡萄牙人的船漂流到種子島。傳教士方濟・沙勿略將天主教帶進日本，同時也傳授了麵包的作法，然而當時未能普及便進入鎖國時代，麵包的傳遞就此中斷。

說起來，日語的麵包「pan」即來自葡萄牙語的「pao」。以葡萄牙甜點「Pão（pao）de ló」（海綿蛋糕）爲雛形開發出來的長崎蛋糕，即使在葡萄牙傳教士遭到驅逐後仍持續傳承，但此時麵包不曾取代過米飯。就連西洋料理發展爲洋食並大眾化的啟蒙階段，米飯都是日本人不可或缺的主食。

◎因為軍糧而受到注目的麵包

在上述前提下來到江戶末期，一位日本人開始注意到麵包。當時，出入長崎港的荷蘭人和清朝商人帶來中國與英國發生鴉片戰爭的消息，伊豆國韮山的代官[1]——江川太郎左衛門（江川英龍）見到外國船隻頻繁現身日本近海，非常憂心日本的國防。太郎左衛門仿效長崎出身的洋砲專家師父高島秋帆，學習西洋砲術，同時考慮將攜帶方便、不易腐壞的麵包當作軍糧。他在官邸內打造了荷蘭人的石窯，用小麥粉烤麵包（壓縮麵包），一步步改良味道。如今，太郎左衛門被日本麵包界譽爲「日本麵包祖師」。現在，伊豆半島韮山町重現了太郎左衛門的麵包，作爲商品販售，不過這種麵包相當堅硬，建議配水或浸泡在湯裡享用。

1：代替君主或領主處理地方事務的官職。

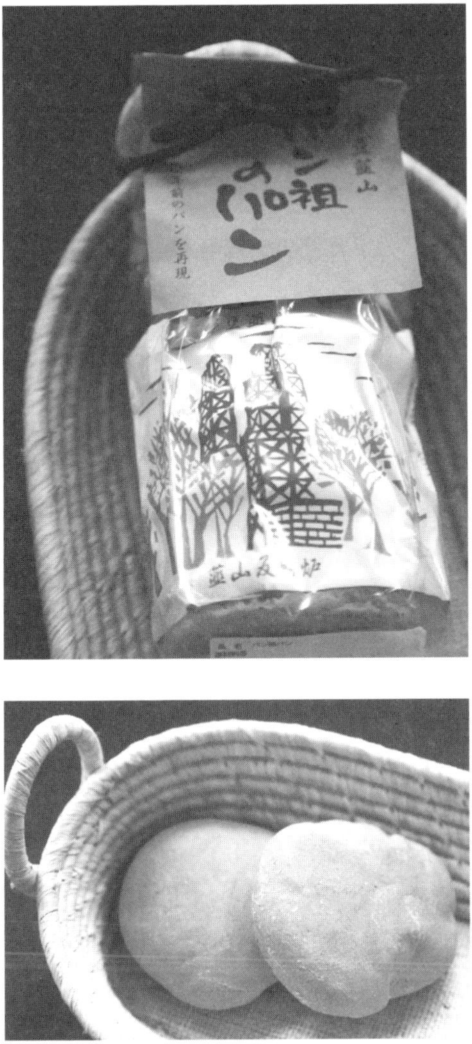

韮山販賣的「祖師麵包」

追加情報

江川太郎左衛門（江川英龍）

江川太郎左衛門（一八〇一～一八五五）是江戶時代後期的幕臣，也是伊豆韮山的代官，別號「坦庵」。江川家出自清和源氏家系，第六代遇到一一五六年發生的保元之亂[2]，遷至伊豆避難，就此定居韮山。當家代代繼承「太郎左衛門」之名，當中以英龍最有名，既身為文化開明的思想家，又懂得改革技術，是身懷絕技的傳奇人物。現今流傳的英龍肖像，也是他自身的自畫像。

江川太郎左衛門

英龍生於幕末時代，當時歐美列強紛紛在亞洲各國拓展殖民地，伊豆半島在佩里黑船來航前，便有外國船隻頻繁造訪。英龍早早便察覺現代「國防」的重要性，不但籌備麵包作為軍糧，還蓋了韮山煉灶爐（已登記為世界遺產）鑄造子彈，在東京灣台場建設砲台加強沿海國防，在戶田村監督第一艘西洋式造船，憂心日本身處的國際立場，執行各項對策。

此外，英龍也對歐美的共和制和民主主義深感興趣，是個關心民政的代官，獲得領地伊豆、駿河、甲斐、武藏和伊豆半島的人民敬重，尊稱為「救世江川大明神」。英龍身為戰前「國防先知」，曾是課本裡的日本英雄，但在第二次世界大戰和平反戰的浪潮下，從教科書裡被刪除。韮山煉灶爐附近，仍留有江川家的宅邸遺跡，展示了麵包窯等文物。

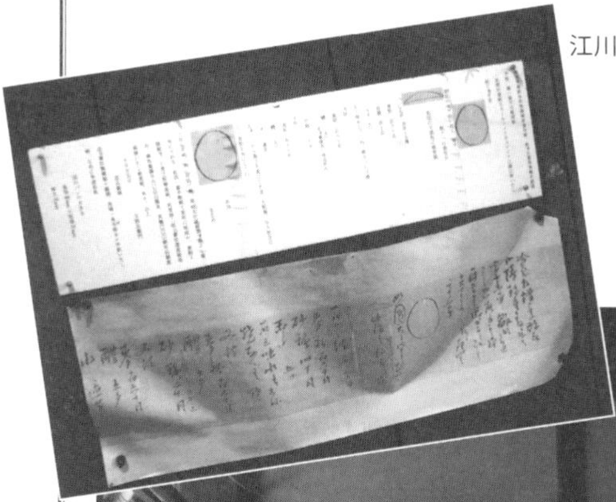

江川太郎左衛門的麵包食譜

江川太郎左衛門的麵包窯

2：日本內戰，由後白河天皇及平清盛、源義朝，對上崇德上皇及平忠正、源為義，前者勝出。保元之亂也象徵了武家政治的開端。

時代迎向明治中期以後，大日本帝國海軍開始引進麵包。目的並非江戶時代的「便於攜帶」，而是因爲維生素缺乏引起的「腳氣病」嚴重蔓延，導致許多海軍弟兄無法操縱戰艦，陷入危機，爲求改善軍隊伙食於是引進麵包。海軍麵包又稱「生麵麭」，剛採用時爲了徹底廢除米飯，一天三餐都規定吃麵包。然而當時的海軍麵包是配著一大匙砂糖吃，許多海軍弟兄無法把它當作主食，認爲比較像點心。這種吃法風評當然不好，後來調整爲搭配白米。查閱海軍會計學校採用的「田邊玄平氏式生麵麭」食譜，除了小麥粉之外還混入了馬鈴薯，致力於添加維生素B_1。

◎美國的「小麥戰略」

現代日本人習慣以麵包當作主食，最大的原因是第二次世界大戰以後，從美國大量進口小麥。

日本在戰後首當其衝的問題，是受到駐日盟軍總司令占領，進入食糧短缺時代。主要由日裔美籍人士組成的救濟組織LARA[3]無償從美國輸入「來來物資」（小麥和脫脂奶粉），對應貧困飢餓的孩童，並將這些物資做成學校營養午餐的麵包和牛奶（脫脂奶粉）。一九五四（昭和二十九）年，日本在《舊金山和平條約》的簽訂下恢復爲獨立國家，廢除「來來物資」，美國政府制定《滯銷農產品出口促進法案》（PL480），將美國國內大量滯銷的小麥長期賣到日本，並協助推行多吃麵包政策。這是美國對日本採取的重要「小麥戰略」。

日本方面，當時厚生省、農林省、文部省和營養專家配合宣導：「日本人未來的生活不再只有白飯和味噌湯，要多吃麵包、多喝牛奶，加強攝取肉類和乳製品，仿效歐美人的飲食生活！」並派出餐車實際前往當地指導，配合舉辦鼓勵多攝取油脂的「平底鍋運動」。非但如此，還大肆批評醃漬物和豆腐等日本傳統食物，甚至有學者惡意灌輸錯誤知識：「吃飯腦袋會變差！」後來才知道，這些極端煽動的背後，有美國政府提供資金援助。因爲這些政治宣傳，貧困時代許多日本人嚮往歐美豐饒的飲食生活，吃麵包的歐美化飲食習慣迅速擴散。

◎日本人發想的原創麵包

明治時代，由於日本人還吃不慣麵包當主食，因而從和菓子的概念延伸出「菓子麵包」，成爲熱門點心。

3：Licensed Agencies for Relief in Asia，亞洲救援公認團體，縮寫讀音近「來來」。

木村屋銀座本店

紅豆麵包

一八六九（明治二）年創業的「木村屋」（現在的木村屋全國總店），在一八七四年推出「紅豆麵包」，為日本誕生的劃時代和洋折衷點心麵包。木村屋藉由將麵包賣給築地海軍學校等機構而起家。當時一般日本人並沒有吃麵包的習慣，創辦人木村安兵衛、英三郎父子於是發明出符合日本人口味的紅豆麵包。紅豆麵包使用和菓子專用的紅豆及四季豆做成內餡，以酒種發酵麴菌取代酵母菌，作法類似製作酒饅頭。現在銀座木村屋的店頭，依然能嗅到酒種的香氣。

木村屋的紅豆麵包

果醬麵包

果醬麵包也是木村屋開發的點心麵包，構想來自歐洲的果醬餅乾，於日俄戰爭爆發的一九〇四（明治三十七）年～一九〇五年推出。現在果醬麵包流行加草莓果醬，但木村屋仍有販賣發售當時橢圓形的杏桃醬口味。

奶油麵包

奶油麵包與紅豆麵包、果醬麵包並列日本三大點心麵包，新宿「中村屋」於一八七四年推出奶油麵包，視爲起源，聽說靈感來自泡芙。創始人夫婦第一次吃到泡芙時，震懾於它的美味，於是使用店裡已有的紅豆麵包作爲基礎，改良出奶油麵包。聽說剛發售時爲使麵包內沒有空氣，特別做成萩餅的形狀。

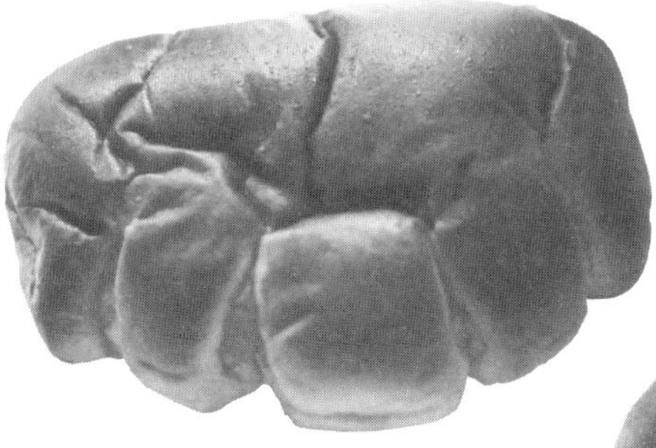

中村屋的奶油麵包

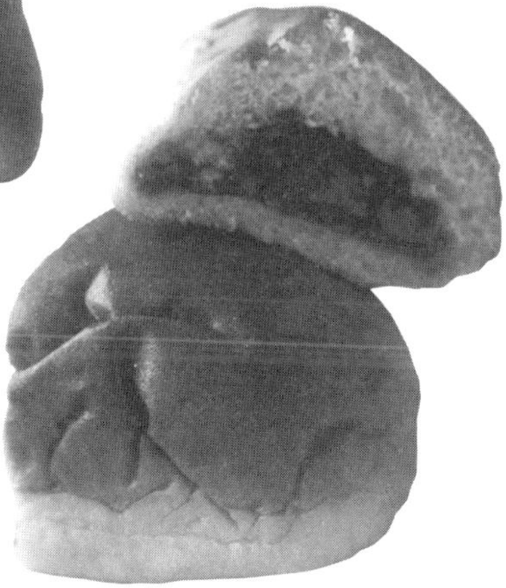

木村屋的果醬麵包

哈密瓜麵包[4]

哈密瓜麵包來源眾說紛紜，其中一說是日本飯店麵包坊之父——福田元吉的師父伊萬・薩戈揚（Ivan Sagoyan）在一九一一（明治四十一）年左右，由法國布列塔尼半島的地方點心「布列塔尼酥餅（Galletes Bretonnes）」作爲靈感而發明的。薩戈揚是亞美尼亞人，曾在前俄羅斯帝國擔任宮廷廚師，從舊滿洲國哈爾濱的大和飯店（現在的龍門貴賓樓酒店）被拔擢到帝國飯店，成爲日本第一位飯店麵包坊的傳奇麵包師傅。

哈密瓜麵包

布列塔尼酥餅

井泉的炸豬排三明治

日本的三明治

相傳三明治的語源來自十八世紀英國貴族──三明治伯爵約翰・孟塔古（John Montagu, 4th Earl of Sandwich），這是一種將配料夾在麵包之間享用的料理。聽說日本最早的三明治，是一八九二（明治二十五）年神奈川縣大船車站的火車便當推出的火腿三明治。之後，日本也誕生了獨創的三明治。

4：因表面酷似哈密瓜網紋，而叫哈密瓜麵包（melon pan）。裡面沒有加哈密瓜，但亦有推出哈密瓜口味的產品。類似台灣傳自香港的菠蘿麵包（名稱來自鳳梨的別稱「波蘿蜜」，也是從外型發想），但日本的哈密瓜麵包比波蘿麵包更甜、更柔軟，兩者來源不同，口味略有不同，故本書採「哈密瓜麵包」的譯法。

grill 梵的牛炸排三明治

炸豬排三明治

相傳一九五三（昭和十）年，東京湯島的炸豬排專賣店「井泉」，針對從前花街的藝妓顧客，推出麵包夾著柔軟炸豬排的三明治，爲最早的日式三明治。在關西，夾著牛炸排的「牛炸排三明治」已成洋食店的固定菜單，由大阪南通天閣附近的「grill 梵」首創。

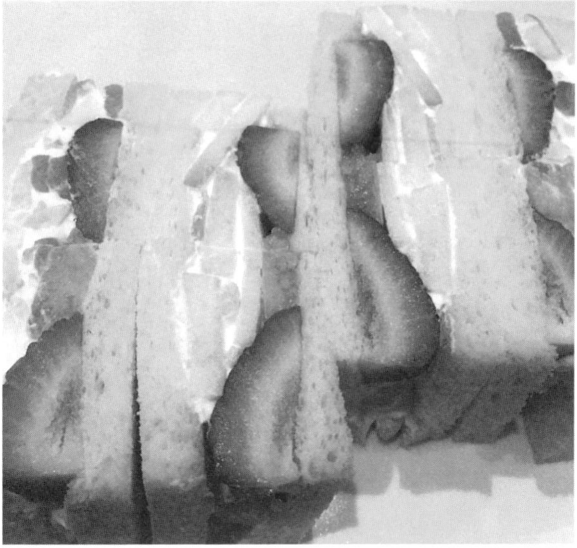

水果三明治

水果三明治

夾入罐頭水果和奶油的水果三明治沒有詳細記載由來，但聽說誕生於日本昭和初期。國外幾乎沒有夾水果的習慣，因此水果三明治也是日本特有的麵包吃法。

在日本獨自演變的「紡錘麵包」

紡錘麵包的日文讀作「Koppepan」，是混合法國橄欖形麵包「coupé」（切開之意）與美國的熱狗麵包（單指麵包本身），在日本獨自演變而成的麵包種類。這是日本麵包推手田邊玄平，於明治末期前往美國學習麵包製法，並在大正時代開發出來的麵包，同時也是日本第一次使用酵母做的原創麵包，是全國知名店鋪「丸十製麵包」的招牌商品。細長柔軟的紡錘形麵包上有一道切口，可夾入果醬、乳瑪琳、可樂餅、雞蛋、炒麵等各式各樣的餡料，是日本才有的吃法。

紡錘麵包在太平洋戰爭時成爲配給品，和炸麵包並列戰後使用美國小麥粉做的營養午餐中的主食，在一九八〇年代扮演了相當重要的角色。

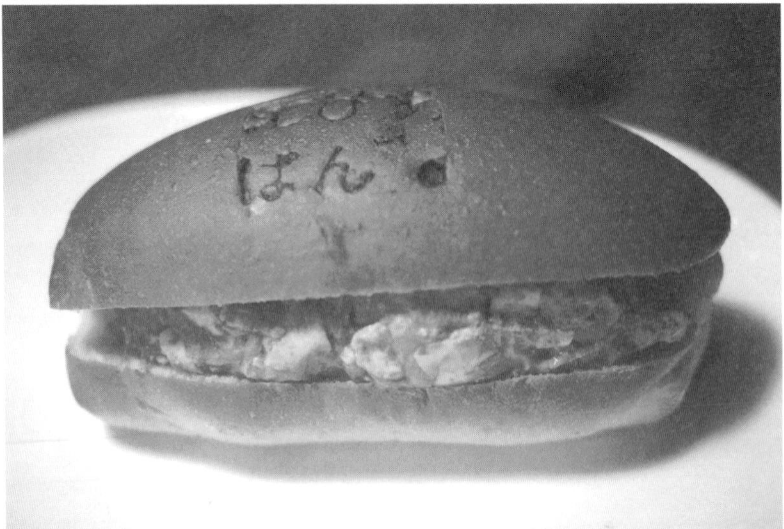

使用小號紡錘麵包做的雞蛋麵包

一九八〇年代以後，法國的棍狀麵包和牛角麵包等道地外國麵包開始大量傳入日本，成爲普及的商品，因此在某段時期，紡錘麵包曾被日本人遺忘。不過到了二〇〇〇年代之後又恢復流行，麵包愛好者改良出更多吃法，日本人開始重溫紡錘麵包的簡樸滋味，對它改觀。

二〇一六年左右，紡錘麵包專賣店在各地接連誕生。堅持使用小麥粉，並在餡料上作出更多變化的紡錘麵包現在仍是熱門商品。

使用紡錘麵包做的炒麵麵包

至今仍在營業的日本主要麵包老店

○木村屋全國總店（東京・銀座）1869年創業，首創紅豆麵包
○嘉德麗雅（東京・森下）1877年創業，首創咖哩麵包
○Uchiki麵包（橫濱）1888年創業
○關口法國麵包（東京・目白）1888年創業，當時為東京大教堂關口教會附設麵包部
○明治堂（東京・王子）1889年創業
○新宿中村屋（東京・新宿）1904年創業，首創奶油麵包
○東客麵包DONQ（神戶）1905年創業，原藤井麵包
○築地木村家（東京・築地）1910年創業，跟銀座木村屋理念不合而分家
○尼可拉斯精養堂（東京・世田谷）1912年創業
○三鷹丸十麵包坊（東京・三鷹）1919年創業
○全日本丸十麵包工商業聯合組織（以東京為主的全國組織成員店鋪）1913年創業
○鴿子屋（東京・向島）1913年創業
○Coty Bakery（橫濱）1916年創業
○友永麵包屋（大分・別府）1916年創業
○高瀨（東京・池袋）1920年創業
○佐佐木麵包（京都）1921年創業
○松村（東京・日本橋）1921年創業
○天狗堂海野製麵包所（京都）1922年創業
○瀨田麵包（東京・三軒茶屋）1923年創業
○FREUNDLIEB（神戶）1924年創業
○GRIMM HOUSE（東京・龜戶）1926年創業
○榮軒麵包坊（新潟・五泉）1927年創業
○木村屋（東京・本鄉）1928年創業
○麵包坊白川（京都）1928年創業
○石井屋（仙台）1928年創業
○King Bake（函館）1929年創業
○Furoin堂（神戶）1932年創業
○八天堂（廣島・三原）1933年創業
○Pelican（東京・淺草）1942年創業
○ISUZU BAKERY（神戶）1946年創業
○Maruki製麵包所（京都）1947年創業
○SIMON（福岡）1948年創業

日本的拉麵

拉麵和咖哩飯並稱現代日本人最喜愛的兩大國民美食。從中國傳來的拉麵通常不會分類爲洋食，但在明治維新以後，牛肉、豬肉和雞肉熬製的湯底開始融入日本社會，隨之普及的拉麵和西洋料理一樣，都是象徵文明開化的外來食物。

◎名稱的由來

從明治到昭和初期爲止，拉麵一般稱作「南京蕎麥麵」和「支那蕎麥麵」。支那是當時對中國的稱呼，南京則和「南京鎖」（掛鎖）、「南京豆」（花生）一樣，是「舶來」的意思。第二次世界大戰以後，外務省要求自我管制「支那」一詞，因而誕生出「中華蕎麥麵」這個新名詞。隨後，日清食品創辦人安藤百福在一九五八年開發出知名的泡麵商品「雞湯拉麵」，「拉麵」一詞隨之普及。

◎中國拉麵和日本拉麵的不同

現在去查閱美國的韋伯字典，「拉麵」的條目會寫著「誕生於日本的中國風料理」，還特別解說原型出自中國「拉麵」。那麼，中國的拉麵和日本的拉麵究竟哪裡不一樣呢？

相傳「麵」起源於中國北部黃河流域，使用中筋麵粉加鹽水揉成麵團，不抹油，徒手大量拉製成形。中文的「拉」就是「拉扯」，麵條是從麵團拉成的。

相對於中國拉麵，日本拉麵並非「手拉」，使用菜刀或機器切成麵條，這是兩者最大的不同。日本拉麵盛行於製麵機誕生的年代，因此不需要傳統手拉技術。

拉麵誕生於明朝山東省，經由山西省傳到蘭州。蘭州的拉麵也是手拉麵，但是和山東省不同，會抹上植物油，一次只做一人份。此外，蘭州住著許多信奉伊斯蘭教（回教）的突厥遊牧民族維吾爾族，他們不吃豬肉，使用牛骨煮

出清澈的高湯。因此，蘭州拉麵又稱為牛肉拉麵或蘭州牛肉麵。

此外，在新疆維吾爾和中亞地區有種「拉條子」，麵中加入大量羊肉，有湯麵也有乾麵。

蘭州牛肉麵

拉條子

◎日本拉麵的歷史

中華料理店初次登陸日本的地點，是幕末時因為開港發展出獨自歷史的橫濱、神戶、函館以及長崎的中華街（南京街），做生意的對象是在貿易公司上班的中國人。明治二十（一八八七）年左右，橫濱的中華街已出現二十間左右的中華料理店或攤販，其中也有店家販賣當時日本人稱為「南京蕎麥麵」的麵食料理。

緊接著，「南京蕎麥麵」更名為「支那蕎麥麵」，進入大眾文化迅速發展的大正時代之後，橫濱地區以外也有日本人爭相擺攤，沿襲江戶時代夜間叫賣蕎麥麵的傳統，邊吹嗩吶邊在深夜街頭沿路叫賣。

一九一〇（明治四十三）年時，淺草是大眾流行文化的發源地，從橫濱關稅局退休的尾

傳統拉麵攤

崎貫一開了庶民中華餐館「來來軒」。尾崎從橫濱中華街挖角了十二名廣東出身的中國人廚師，首度推出日本人喜愛的醬油口味「支那蕎麥麵」，迅速成名。來來軒可說是日本拉麵店的原點，以東京拉麵領頭羊的身分，在第二次世界大戰以後，從淺草遷至東京車站八重洲口，一直營業到一九九四（平成六）年才結束。現在，繼承淺草來來軒的店家爲前員工在一九三三（昭和八）年創業的祐天寺來來軒，並且營業至今。

另一方面，北海道札幌在一九二二（大正十一）年，由來自仙台市的前警察官——大久昌志、多津夫婦創立了「竹家食堂」（之後改名爲「支那料理竹家」），主要客群是北海道大學的學生。生於中國山東省的廚師，參考「豬肉絲麵」的食譜作出日本拉麵，當時口味較油，

橫濱中華街

偏鹹，之後改良成日本人偏好的醬油口味。據說當時的拉麵裡擺著叉燒、筍乾和蔥花，已經非常接近現代的拉麵。

追溯日本拉麵誕生的源頭，主要可分兩大部分，其一是位於橫濱、神戶等貿易港的中華街（南京街）出身的中國廚師，以及戰後從中國和舊滿洲國返回日本的日本人所開的中華餐館；其二是從小販起家的日本人開的拉麵店。由於油脂及碳水化合物能帶給人們充實的飽足感，使得便宜又美味的拉麵在糧食匱乏的時代迅速竄紅，徹底贏得市民的心。

◎日本各地主要的地方拉麵

拉麵在日本全國大流行後，表現出各地風土民情的「地方拉麵」隨之登場。

札幌拉麵（北海道）

大正時代誕生於札幌的拉麵，起初是做成鹽味拉麵，之後慢慢調整成醬油口味。一九五〇（昭和二十五）年時，原南滿洲鐵路局員工大宮守人開了「味之三平」，並於一九五四年開發出味噌拉麵，大紅特紅，味噌拉麵因而成爲現在札幌拉麵的代名詞。

味之三平的第二代老闆表示：「家父主張『味噌對身體很好』，從味噌湯聯想到『味噌口

札幌拉麵

味的麵』，不知不覺間便定名爲『味噌拉麵』了。」不僅如此，初代老闆爲了加強營養均衡，除了配上一般常見的叉燒、筍乾和蔥當配料，還想出了盛上洋蔥、高麗菜、豆芽菜等炒青菜，以及在高湯裡加入和味噌很搭的大蒜等嶄新吃法。札幌拉麵的湯底和博多一樣，是濃郁的豚骨高湯，此外也有雞骨高湯，和味噌非常搭。

札幌的味噌拉麵，使用當時「西山製麵」特製，與味噌拉麵口味極搭的「多加水熟成麵」當中的「捲麵」，其他店家也紛紛跟進。此外，「札幌一番」（三洋食品）帶頭推出冠上「札幌」的泡麵口味，札幌拉麵的知名度因而拓展到日本全國。

北海道是鮮少人知道的味噌產地。味噌

不但可以祛寒，在冬天還有保溫作用，因此常用來煮「石狩鍋」（味噌鮭魚火鍋）和「螃蟹鐵砲汁」（蟹肉味噌湯），是最適合極寒之地北海道的調味料。

函館拉麵（北海道）

函館、橫濱及神戶都在鎖國之後開港，盛產昆布等海產，建立了由廣東華僑組成的中華街。他們開的中華餐館販賣以清爽微鹹的清澈湯頭，加上中寬扁麵做的支那蕎麥麵（拉麵），這種形式也成爲函館拉麵的原型。高湯和札幌相同，使用豚骨或雞骨熬煮，特色是味道清爽但富有層次，通常會加叉燒、筍乾、蔥花、菠菜、魚板及海苔。這裡也有拉麵店會放上函館附近的嚴規熙篤隱修會（Trappist Monastery）所生產的奶油。

函館拉麵

冷拉麵（山形）

冷拉麵是山形市本町拉麵店「榮屋本店」的初代老闆，從客人的一句話「夏天都吃冷蕎麥麵，我也想吃吃看冷的拉麵」之中得到靈感，經過多次改良，在一九五二（昭和二十七）年發售，現在成為山形名產的拉麵。冷拉麵的湯是一般的醬油口味，但是為了不讓冷湯上面出現凝結的油脂，必須先將湯放入冰箱冷卻，去除表面油塊，再重新添加植物油，需要多花一道工夫處理。如同山形縣的鄉土料理「芋煮」，相較於流行味噌和豬肉的山形壓內地區，內陸地區從明治時代起便有米澤牛的傳統，所以偏好醬油口味和牛肉，冷拉麵也用牛骨熬湯並且綴上牛肉片。

冷拉麵

東北地區冬天雖然寒冷，夏天卻意外酷熱，山形市還曾偵測出日本的最高氣溫。因此，除了山形的冷拉麵，還有仙台發祥的「中華涼麵」以及盛岡產的「冷麵」等。東北因為寒冷，有許多祛寒的麵類料理；也因為夏天炎熱，開發出這些涼鎮料理。

喜多方拉麵（福島）

喜多方位於福島縣會津地區，是著名的「土藏建築[1]與拉麵小鎮」。喜多方拉麵之所以能與札幌拉麵、博多拉麵並稱日本三大拉麵，和當地是知名的土藏建築聖地有很大的關聯。

喜多方拉麵使用豚骨湯底加上小魚乾，煮成清爽的醬油口味，最早始於大正末期從中國來到日本的藩欽星先生所開的麵攤，後來成立了店鋪，取名「源來軒」，目前仍在喜多方營業。口感柔軟的捲麵配上叉燒、筍乾和蔥花，口味相當樸實，一九七五（昭和五十）年時，因爲ＮＨＫ電視節目《新日本紀行》播出「土藏建築小鎮福島縣・喜多方市」，觀光客頓時大增，一夕成名。會津位處內陸，可經由越後商道（會津街道）連接日本海側運送海產物資，自古就有中盤商進駐，因此小魚乾對會津人來說，是生活中常用的食材。

喜多方拉麵

橫濱生馬麵（神奈川）

說到橫濱拉麵，首先會想到一九七四年以後登場的豚骨醬油湯底粗麵「家系拉麵」，但用細麵煮成鹽味或醬油口味，並在上面淋上豆芽菜勾芡的「生馬麵[2]」也是橫濱獨創的代表拉麵。這種麵首創於昭和初期橫濱中華街的中國餐館「聘珍樓」，聽說是當時的廚師長發明的員工餐，參考自廣東風味口感黏稠的肉片蕎麥麵。

橫濱生馬麵

1：土藏為日本傳統建築工法，是在木造建築的土牆塗上石膏的建築方式，主要功能為米倉和酒倉。

2：サンマーメン，漢字寫成「生碼麵」、「生馬麵」或「三碼麵」，語源莫衷一是，但可確定裡面沒有馬肉也沒有秋刀魚（サンマ）。本書作者採「生馬麵」的寫法。

東京拉麵（東京）

東京拉麵始自一九一〇（明治四十三）年，當時走在流行最尖端的東京第一鬧區淺草「來來軒」。如今，這裡的拉麵堪稱日本拉麵典範。用雞骨或小魚乾煮的高湯，做成清爽的醬油口味，使用中細捲麵配上叉燒、筍乾、魚板、蔥花、水煮蛋等，是最傳統的拉麵形式，在東京以外的日本各地都能吃到。

東京鎖定了車流量高的環七沿線以及學生街，成為眾多拉麵店進駐的激烈戰區，全國知名拉麵店都在這裡開了分店，彼此切磋手藝，培養出許多拉麵愛好者，不但種類多變，味道也不斷提升，更將日本這項國民美食推上國際。

東京拉麵

肉麵（長野）

這是日本比較罕見的麵類，屬於長野縣伊那的地方料理，使用羊肉做成。嚴格說來，是用類似炒麵的麵條做的，有乾的也有湯的，是相當獨特的麵類料理。全名叫「炒肉麵」，一般俗稱肉麵。一九五五（昭和三十）年，伊那市的中華餐館「萬里」的創業老闆伊藤和弌爲了加強保存期限，開發出蒸麵製法。伊那市一帶飼養羊群生產羊毛，當地居民便活用羊肉，加入地方特產高麗菜，使用這種蒸麵作出肉麵。吃時可按照個人喜好添加醬料、醋、辣油、麻油、蒜蓉、七味粉（或一味粉）和辣椒享用。

肉麵

台灣拉麵（愛知）

據說是一九七〇年代名古屋的台灣料理店「味仙」店長郭明優發明的員工餐，是名古屋和中京圈特有的拉麵。原型來自台灣麵攤料理擔仔麵，特色是加入大量辣椒，非常嗆辣，但台灣的擔仔麵並沒有加辣椒。因此，在名古屋地區，台灣拉麵＝特辣拉麵。聽說味仙選擇在名古屋開店的原因爲：「名古屋人愛吃八丁味噌和濃味醬油，重口味的味噌煮烏龍更是他們的日常飲食，總覺得他們也會欣然接受嗆辣的台灣拉麵。」

近年來，台灣拉麵還衍生出「台灣拌麵」，是名古屋才有的料理，深受當地人喜愛。附帶一提，「台灣拌麵」在台灣叫「名古屋拉麵」。

台灣拉麵

京都拉麵（京都）

一般人對京料理的印象是「口味清淡」，但京都拉麵正好相反，口味濃郁正是它的特色。最具代表性的京都拉麵店是一九七一年創業，目前在全國都有分店的「天下一品」。爲什麼京都拉麵會演變成重口味呢？關於這件事有「平時吃太清淡，反而想追求重鹹」、「爲了引出京都特產九條蔥的甜味」等各種說法。

京都第一家拉麵店，始自中國浙江省出身的徐永俤擺的麵攤，隨後開店叫「新福菜館」，目前仍有營業。浙江料理的特色是湯濃，濃郁的拉麵在京都受歡迎的原因或許就在這裡。

京都拉麵

和歌山拉麵（和歌山）

自古以來，和歌山就是日本飲食文化重鎮。推測早在昭和初期，和歌山市內便已出現拉麵攤。和歌山湯淺町是出產醬油和豐富海產的地方，拉麵也確立為醬油口味。使用豚骨高湯，加上叉燒、筍乾、蔥花、魚板等配料，特別之處在於調味料只加胡椒。一般稱為「中華蕎麥麵」。

和歌山拉麵的麵量比較少，會配著半發酵的青花魚壽司「早壽司」與水煮蛋一道享用。據說這種獨特的吃法，源自關西從前吃烏龍麵會配壽司的習慣。

和歌山拉麵

德島拉麵（德島）

德島拉麵也通稱「中華蕎麥麵」，特色是帶著甜味的濃湯頭。根據地域和店家的不同，可區分為「褐系」（豚骨高湯加濃味醬油）、「黃系」（雞骨高湯加淡味醬油）、「白系」（豚骨高湯加淡味醬油或白醬油）三大系統，當中又以會打生蛋吃的褐系最獨特（也可不加）。聽說德島拉麵會定型為豚骨醬油口味，起初是為了活用「日本火腿」前身「德島肉品加工廠」不需要的大量豚骨。

此外，在德島當地，拉麵是用來配飯吃的，因此習慣分裝到小碗裡吃。甚至還有將拉麵配料倒在白飯上的「德島丼」這種吃法。

德島拉麵

博多拉麵（福岡）

擁有乳白色豚骨高湯和極細直麵的博多拉麵，是日本三大拉麵之一，同時也是代表九州的拉麵。乳白色的湯，來自豚骨溶解出來的膠質，是久留米拉麵及熊本拉麵等其他九州拉麵也有的共同特色。

據說博多拉麵誕生於第二次世界大戰期間的一九四一（昭和十六）年左右，是博多區中洲的攤販，想重現中國乳白色豬骨湯而做的。多數店家能自由選擇麵條的軟硬度，還可加點麵條。叉燒和蔥花爲基本配料。選擇極細麵的理由有：「容易吸附湯汁」、「方便鄰近忙碌的魚市居民短時間煮好」等說法。

博多拉麵

熊本拉麵（熊本）

熊本拉麵是福岡的久留米拉麵傳到熊本之後，獨自發展而成的拉麵，特色爲豚骨高湯裡加了雞骨，以及使用粗麵製成。湯裡加了炸過的大蒜，中和豬骨特有的腥味。「桂花拉麵」在一九五五（昭和三十）年創業，隨後進軍東京，將熊本拉麵發揚光大。加入水煮蛋、滷豬肉（當地叫「太肉」）、高麗菜等配料爲其特色。

熊本拉麵

鹿兒島拉麵（鹿兒島）

鹿兒島自古受到沖繩文化影響，向來有吃豬肉的習慣，拉麵也採用豚骨高湯，麵條則是酷似沖繩蕎麥麵的粗麵。但它也是九州少見，沒有受到久留米和博多影響，高湯油脂少、未呈現乳白色特徵的拉麵。配上醃蘿蔔一道享用，是當地獨特的傳統吃法。

鹿兒島拉麵

追加情報

「長崎什錦麵」和「太平燕」

九州由於地理位置接近中國的關係，誕生出一些既像拉麵又不是拉麵的麵食料理，其中的代表就是長崎什錦麵（長崎）和太平燕（熊本）。

長崎什錦麵是以中國福建料理為參考範本，誕生於長崎的麵食料理，俗稱「強棒麵」，相傳語源可能來自閩南語「呷飯」、馬來語「campur（混合）」或琉球語「Chanpuru（炒麵）」等。在明治中期，長崎市曾有過中華街（南京街），當時「四海樓」（至今仍在）的初代店長陳平順，為當時大量來到日本的中國留學生想出了這種麵。湯頭與拉麵相似，以豚骨、雞骨熬煮，但是麵條使用了長崎特有的鹽水製麵。此外，長崎還有相當知名的「盤裝烏龍麵」，也是從福建省的「廈門炒麵線」改成淋上勾芡配料的烏龍炒麵。長崎即便在鎖國時代也不曾與中國中斷貿易，因而傳入了划龍舟、放水燈、長崎節舞龍舞獅等中國文化，料理自然也受到中國的影響。

另一方面，熊本縣中部地區的「太平燕」，也是源自中國福建省一種加入炸蛋和餛飩的料理，據說在明治時代經由華僑傳入日本，以粉條替代擁有獨特滑嫩口感的餛飩，因而演化為日本的麵食料理。此外，炸蛋也從鴨蛋改為雞蛋。湯頭則和拉麵一樣，使用醬油、豚骨或雞骨熬煮。

日本的拉麵歷史年表

年代	大事
600年	派出遣隋使（直到六〇七年）。
630年	派出遣唐使（直到八三八年）。遣唐使帶回唐朝點心「索餅」，成為素麵的起源。
753年	唐朝鑑真和尚來到日本。
1401年	日本和明朝展開貿易。
1488年	室町時代的僧侶日記《蔭涼軒日錄》中記載了使用鹽水和中華麵做的「經帶麵」，堪稱拉麵之始。
1697年	水戶光圀[3]品嚐到中國傳來的拉麵（據說更接近中國烏龍麵）。
1859年	橫濱中華街、長崎新地中華街誕生。
1868年	神戶中華街（南京町）誕生。
1871年	簽訂日清和解條列。
1894年	日清戰爭爆發。
1910年	日本第一家拉麵（支那蕎麥麵）店來來軒於淺草開幕。
1922年	將拉麵列入菜單的中華餐館「竹家食堂」在札幌開幕。
1937年	盧溝橋事件爆發，成為中日戰爭的導火線。

1939年	第二次世界大戰爆發（～一九四五年）。
1949年	中華人民共和國成立。
1958年	日清食品首度推出「雞湯拉麵」泡麵商品。
1971年	日清食品首度推出「杯麵」泡麵商品。
1978年	簽訂日中和平友善條約。
1994年	拉麵博物館在新橫濱開幕。

3：德川光圀（一六二八～一七〇一），江戶時代大名，水戶藩第二代藩主，曾任黃門官，人稱「水戶黃門」。

【參考文獻】

《函館日本正教會史》（函館日本正教會史）
《日本的聖光等同使徒聖尼古拉的腳步》（日本正教會教團西日本主教教區）
《函館叮噹寺物語》廚川勇／著（北海道新聞社）
《德國士兵眼中的習志野 NARASHINO》（社團法人德國東洋文化研究協會、財團法人日德協會）
《傳說級廚師長薩利・瓦爾物語》神山典士／著（草思社文庫）
《絕品！海軍美食物語》平間洋一、高森直史、齋藤義朗／合著（新人物往來社文庫）
《新潟是義大利！隨處都是山珍海味》柳生直子／著（NESCO）
《追尋南蠻料理的歷史根源》片寄真木子／著（平凡社）
《江戶時代的平戶點心》江後迪子／著（TSUTAYA 總本家）
《吃遍葡萄牙》荒尾美代／著（每日新聞社）
《波斯王愛吃「天婦羅」？從食物和語源追溯人類史》丹・佐拉夫斯基／著（早川書房）
Cocina TradicionalAndaluza（SUSAETA）西班牙

【協力】

壽喜燒珍屋
函館日本正教會
習志野工商會議所
習志野市教育委員會
霞浦市鄉土資料館

【照片協力】

長崎市
一般社團法人舞鶴觀光協會

【索引】

六畫

七畫

八畫

九畫

十畫

十一畫

十二畫

十三畫

十四畫

餐館名稱

製作：N&S 企劃股份有限公司
寫真攝影：青木百合子、齋藤雄輝
插圖：荒賀賢二

日本再發現 008
日本的洋食：從洋食解開日本飲食文化之謎
日本の洋食：洋食から紐解く日本の歴史と文化

國家圖書館出版品預行編目（CIP）資料

橋日本的洋食：從洋食解開日本飲食文化歷史之謎 / 青木百合子著；韓宛庭譯 . -- 初版 . -- 臺北市：健行文化出版：九歌發行 , 2019.05
面；　公分 . -- (日本再發現；8)
譯自：日本の洋食：洋食から紐解く日本の歴史と文化

978-986-97026-9-0(平裝)
1. 飲食風俗 2. 日本
538.7831　　108004729

著　　者——青木百合子
譯　　者——韓宛庭
責任編輯——莊琬華
發 行 人——蔡澤蘋
出　　版——健行文化出版事業有限公司
台北市 105 八德路 3 段 12 巷 57 弄 40 號
電話／ 02-25776564・傳真／ 02-25789205
郵政劃撥／ 0112263-4
九歌文學網　www.chiuko.com.tw
印　　刷——晨捷印製股分有限公司
法律顧問——龍躍天律師 ・ 蕭雄淋律師 ・ 董安丹律師
發　　行——九歌出版社有限公司
台北市 105 八德路 3 段 12 巷 57 弄 40 號
電話／ 02-25776564・傳真／ 02-25789205
初　　版——2019 年 5 月
定　　價——350 元
書　　號——0211008
I S B N——978-986-97026-9-0
（缺頁、破損或裝訂錯誤，請寄回本公司更換）